【評伝】

耳鼻咽喉科のパイオニア
久保猪之吉

医学と文学の狭間で

柴田浩一

大学へ出勤
人力車・山高帽・洋傘

久保記念館

久保記念館前の胸像

久保記念館内部

安積歴史博物館
重要文化財 旧福島県尋常中学校本館
財団法人 安積歴史博物館

安積歴史博物館

久保猪之吉博士顕彰碑
我が国耳鼻咽喉科の開祖　久保猪之吉博士は明治七年（一八七四）
十二月二十六日旧二本松藩士久保常保の長男として出生 実母は旧藩医
小此木間雅の娘 孝　安積中学校を首席で卒業　一高を経て明治三十三年
（一九〇〇）東京帝国大学医学部を卒業　のちドイツに留学　帰朝後
九州帝国大学医科大学に我が国最初の耳鼻咽喉科を設立し専任教授となる
「イノ・クボ」「小人の智者」と称賛され 世界的医学者として名声が高まり イギリス
ドイツ等の耳鼻咽喉科学会名誉教授に推された 昭和十年退官 名誉教授となり東京
聖路加病院顧問に就任　旭日重光章を授賞　昭和十四年（一九三九）十一月十二日
麻布の自宅で逝去　行年六十五歳　青山墓地に眠る
松少年隊士の久保鉄次郎　豊三郎は　博士の叔父にあたる
平成十八年三月　二本松史跡保存会

猪之吉顕彰碑（福島県二本松　台運寺）

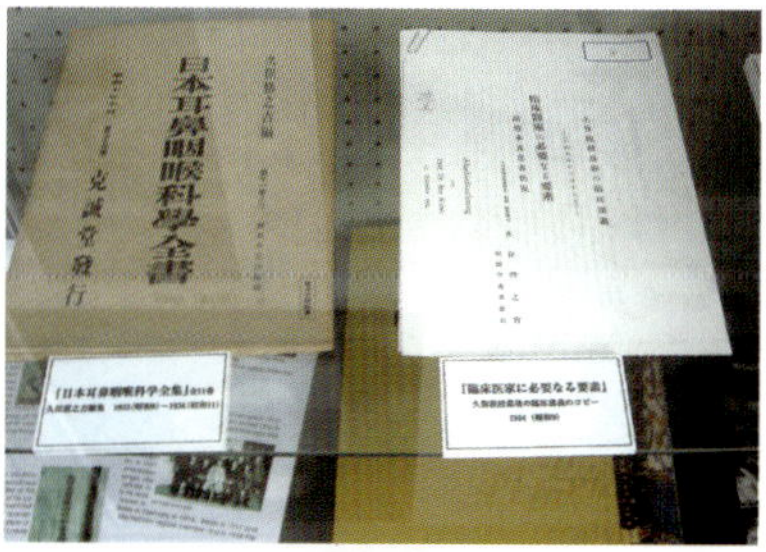
日本耳鼻咽喉科學全書
克誠堂發行
『臨床医家に必要なる要義』

安積歴史博物館の展示品

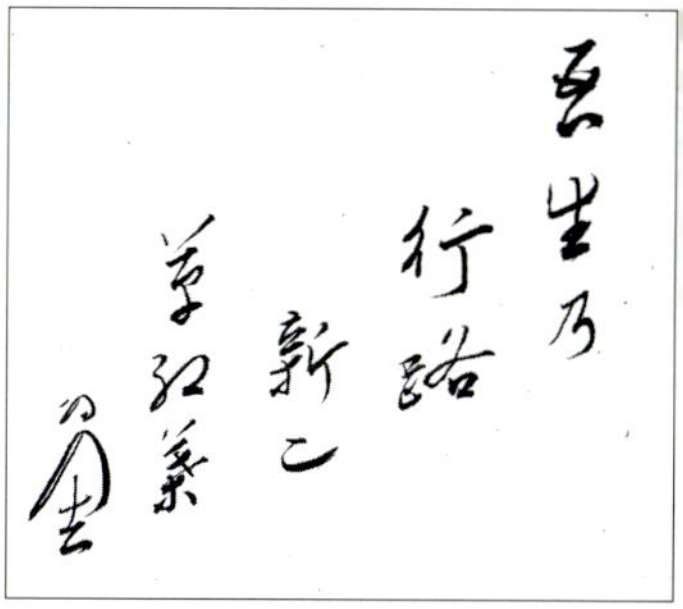

ゐの吉草紅葉自筆

久保家墓地・福島本宮市

冬の安達太良山

大森学長像とドイツ菩提樹（右） 於・九州大学病院庭園

耳鼻咽喉科図書室にて（大正後期）

教授室にて（昭和 10 年）

久保猪之吉の生誕地と幼少期を過ごした地と久保家の菩提寺

刊行に寄せて

九州大学名誉教授　W・ミヒェル

今から四十年前、九州大学医学部の外国人研究者用の宿舎に住んでいた私は、宿舎の近くにある少し不思議な佇まいの和洋折衷建築と、そこに付けられた銘板の文字「久保記念館　Kubo-Museum gebaut 1927」に大いに興味をひかれました。日本の耳鼻咽喉科学の先駆者であった久保猪之吉の名を冠したこの記念館は、一九九九年から二〇〇三年にかけて内装・外装の改修が行われています。江戸・明治期の古医書と医療道具の調査に携わっていた私も、二〇〇六年に特別の許可を得て収蔵品を拝見することができました。

画期的な業績で国際的に活躍する医学者として知られた久保教授は、妻のより江夫人とともに、和歌や俳句をたしなみ、日本の伝統を継承する文人でもありました。

久保教授の類まれな才能と、幅広い活動をわかりやすく伝えてくれる本書が、各分野の専門家のみならず、一般の方々にも広く読まれ、魅力溢れる「イノ・クボ」の再発見、再評価の契機になることを願っております。

二〇一八（平成三十）年五月吉日

はじめに

日本の医学界において、その礎を築いた人は数多く存在するが、耳鼻咽喉科学について語る際に忘れてはならない人物が、「世界のイノ・クボ」と称えられた久保猪之吉先生（以下敬称略）である。

九州大学耳鼻咽喉科の初代教授をつとめた久保猪之吉は、日本近代耳鼻咽喉科学の文字通り〝鼻祖〟の一人だ。また、その異名が示すように、日本国内のみならず、ドイツ、オーストリア、フランス、イギリスなど活躍の場所は世界各国に及び、「ドクトル・ヘン（小さな賢者）」という愛称と共に広く人々の尊敬を集めた。医学史における猪之吉の存在は非常に重要で、没後80年近くを経過した今も医学を究めんとする人たちに光を与え、その道を照らし続けている。

しかし、その人生は決して平坦なものではなく、誕生から修業時代にいたる時期は、家庭的な背景も含め、まさに茨の道というべきものだった。猪之吉の生い立ちについては本編で触れるが、困難に満ちた中でも猪之吉は学究の徒としての歩みを止めず、たゆまぬ努力の末に東京帝国大学医科大学（東大医学部の前身・註参照）を卒業。同大学耳鼻咽喉科で助手を務めたのち、ドイツのフライブルグ大学に官費留学。主宰グスタフ・キリアン教授の高弟「イノ・クボ」として名を馳せ、帰国後は京都帝国大学福岡医科大学（九州帝国大学の前身）の教授に就任し耳鼻咽喉科教室を開設。近代耳鼻咽喉科の先駆者として国内外に獅子奮迅の働きをした。

その後、九州帝国大学を定年退官するまでの28年間で育てあげた教室員は３３３名。そこから輩出した教授は20余名にのぼる。門下生たちの活躍は、九州はもとより北海道から東北、関東、関西、海外では朝鮮、満州、台湾、中国にまで及んだ。

猪之吉の名は、日本の内視鏡による治療の嚆矢となる、気管支異物を気管支直達鏡下に摘出したことで特に知られているが、他にも副鼻腔手術の開発、後鼻孔鼻茸、術後性頬部嚢腫の発見、喉頭全摘、平衡機能検査、耳科手術、耳介形成の開発、音声言語学など広範囲にわたる臨床の大家であり、また研究面では医学論文だけでも和文

530編、欧文論説42編を執筆するなどの功績を残している。加えて、ドイツの耳鼻咽喉科全書『デンケル・カーラー』各章においても、イノ・クボ名義のおびただしい論説をみることができる。

さらに、猪之吉の才能は医学にとどまらず文学の道でも開花し、多くの短歌・俳句の創作、文芸誌の発刊などの功績を残した。俳人であった妻・より江と共に自宅にて文化サロンを開くなど、九州の文化運動を先導し、柳原白蓮、夏目漱石、斎藤茂吉、尾上柴舟、与謝野鉄幹・晶子、高浜虚子、若山牧水、尾崎紅葉、泉鏡花など、世に聞こえた文人たちとの交流を深め、文学界の発展にも大きく寄与した。

医学者としてだけでなく、歌人・俳人・文化人・医史学者など多方面に活躍した久保猪之吉。その幅広い才能と旺盛な活力、強靭な精神はどのように生まれ、育まれていったのだろうか。本書では猪之吉の足跡をたどりつつ、さらに明治の医学教育についても触れながら、医学と文学を自由に行き来した久保猪之吉の人物像をつまびらかにしていきたいと思う。

（註）現在の東京大学医学部は安政5年の「お玉ヶ池種痘所」設立に始まり、時代と教育制度変革により以下のように名称が変遷した。本文中の表記は分かりやすいように「東大医学部」で統一する。

医学所 ― 大学東校（明治2）― 第一大学区医学校 ― 東京医学校（明治8）― 東京大学医学部（明治10）― 帝国大学医科大学（明治19）― 東京帝国大学医科大学（明治30）― 東京帝国大学医学部 ― 東京大学医学部（昭和22）

＊目次

久保家　家系図

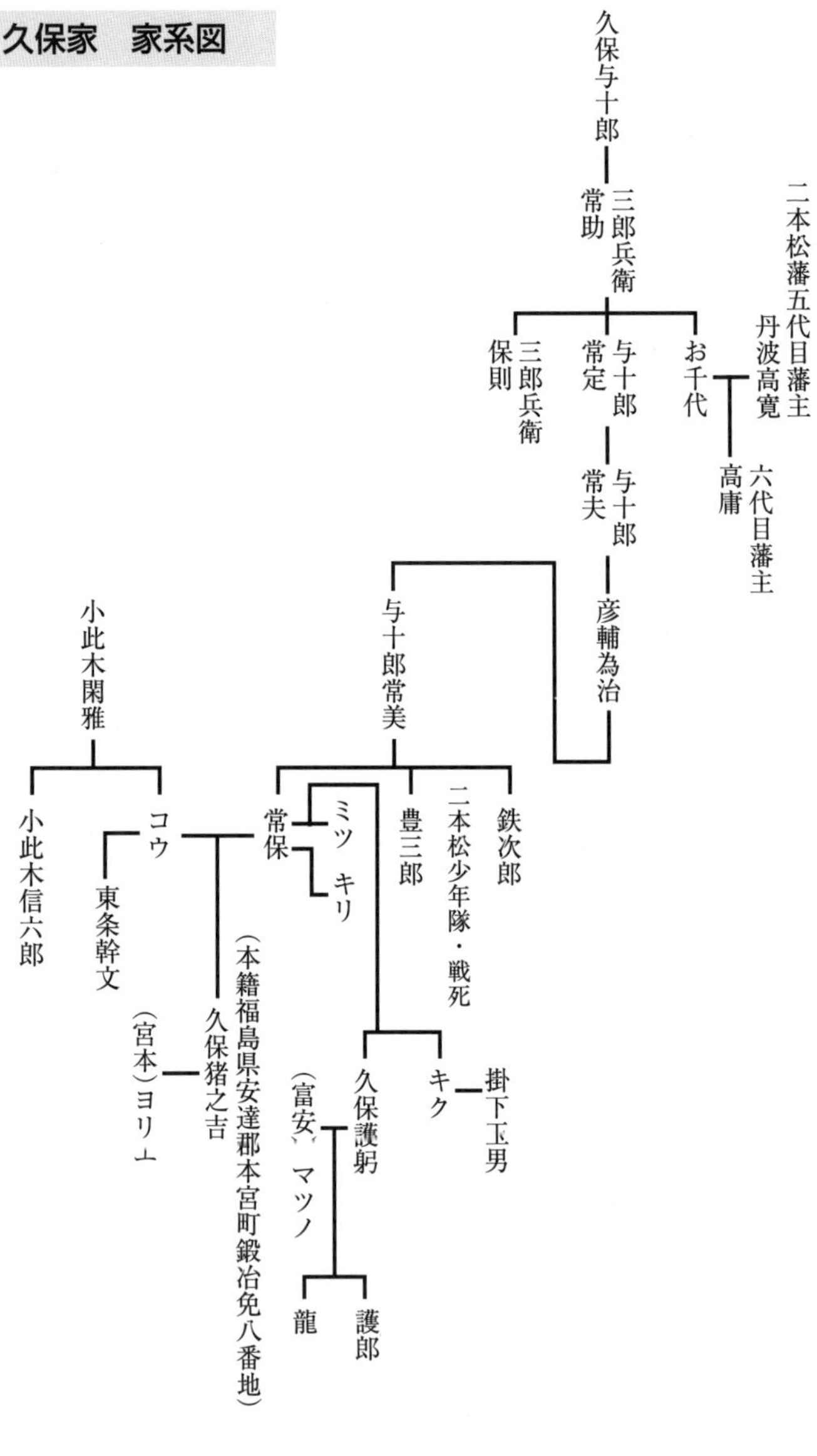
久保与十郎
三郎兵衛常助
二本松藩五代目藩主丹波高寛
お千代
与十郎常定
三郎兵衛保則
六代目藩主高庸
与十郎常夫
彦輔為治
与十郎常美
小此木閑雅
鉄次郎
二本松少年隊・戦死
豊三郎
ミツ
キリ
常保
コウ
小此木信六郎
東条幹文
（本籍福島県安達郡本宮町鍛冶免八番地）
久保猪之吉
（宮本）ヨリエ
キク
掛下工男
久保護躬
（富安）マツノ
護郎
龍

第1章　生い立ち

1．久保猪之吉の誕生 ～二本松藩のルーツ～

久保猪之吉は、生誕直後から東大医学部を卒業するまでの幼少～青年期を、たいへんな苦難と貧窮の中に過ごした。その遠因は猪之吉の生い立ちにあり、父・常保が、戊辰戦争で賊軍とされ苦難の歴史を強いられた奥州の二本松藩士であったこととも関係している。

猪之吉は明治７（１８７４）年12月26日、旧二本松藩士の父・久保常保と母・コウの長男として、福島県安達郡荒井村字下沢（現・本宮市に合併）に生まれた。コウは二本松藩医・小此木閑雅の長女だが、猪之吉が誕生してからわずか７日の後に、「家風に合わぬ」と常保から離縁を言い渡され、実家の小此木家へ帰された。明治の頃は家父長制がまだ色濃く残っており、父権が強かったため、こういった暴挙に対しても異論を挟む者はまわりにいなかったと思われる。その結果、まだ首もすわらぬ乳飲み子だった猪之吉は里子に出され、以降は継母のミツに育てられることになった。ミツは猪之吉をわが子同然に扱って懸命に育て、生涯を通して、みずから継母であることを口外することはなかったという。

戸籍にも生母の名は記載されていない。猪之吉も、そんな継母ミツに孝行を尽くしており、父母の死後に建てた墓には「院殿号」の戒名を刻むなどして感謝の気持ちを表している。ただ、後年になって猪之吉は、妻のより江に「我輩は1週間しか母乳を飲まなかったので、体格が貧弱（身長5尺1寸2分　約154cm）なのだ」とも語っており、生後間もなく実母と引き離された事実は、猪之吉の心に何らかの影を落としていたのかもしれない。

明治14（1881）年、父の常保が郡書記となって須賀川町に転居したため、猪之吉は須賀川高等小学校に入学。明治18（1885）年には異母弟・護躬《もりみ》（後の千葉大学耳鼻咽喉科教授）が誕生した。しかし、その頃、猪之吉の家は困窮状態にあった。

本来、久保家は代々二本松藩（現・福島県）の藩士で、二本松藩主の丹羽《にわ》家と姻戚関係にある家柄だ。久保家家系図からも見て取れるように、久保三右衛門常定が猪之吉の祖となっており、中興の名君といわれた第5代藩主・丹羽高寛の側室だったお千代の方は久保家の出で、常定から見て姉にあたる。お千代の方は第6代藩主・丹羽高庸の生母でもあり、久保家はまさしく名家だといえる。

猪之吉の祖父・常美は軍学に通じ、藩の軍事調査役を勤めていた。父の常保も学問好きが高じて漢学・詩歌を嗜み、書にも優れていたが、戊辰戦争で賊軍とされてしまい、一家は維新後、官軍による焼き討ちや略奪で荒廃した二本松城下を出て、旧藩領の安達郡荒井村に移住。猪之吉の祖父・常美、父・常保は共に小学校教師となって生計を立てた。そういった面での鬱屈もあってか、常保が大酒をくらうようになったため、家計は次第に逼迫していった。

（※二本松藩の歴史については、巻末付録を参照）

2. 久保猪之吉の修業時代

高等小学校高学年になり、猪之吉は福島県に当時1校しかなかった福島県尋常中学校（後の福島県立安積《あさか》高等学校。安積郡桑野村に移転して校名を変更）への進学を志す。しかし、試験科目のひとつ「英語」は高等小学校の課程では学んでいなかったため、卒業前年の11月になって、英語が堪能な3歳上の先輩・三沢安一の家に通って、一から英語を習った。

「降っても照っても1日も欠かさず、背中には3歳の幼弟を背負い手には小鉛筆と小紙片を携え微に入り細に渉って質疑し、僅か1ヶ月でナショナル・リーダー第1巻を綴りから文法まで隅々まで会得された」とは同級生だった大野喜伊次の談。猪之吉のひたむきな様子が窺えるエピソードだ。

しかし、無常にも、試験の出題は猪之吉が会得したナショナル・リーダーの第1巻からではなく、第2巻からだった。学んでいないものを解くすべもなく、英語の答案はほぼ白紙。落胆していた猪之吉だったが、ある教員が職員会議で「60点以下が一科目でもあれば不合格の規定だが、久保は英語はゼロでも他の課目は断然優秀なので、これは恐らく高等小学校に英語の課程がないからだろう。こういう生徒こそ教育してみるべきだ」と強硬に主張。その結果、英語の得点結果を問わず合格とされた。この時不合格であったなら、猪之吉は酒屋の丁稚奉公に出される予定だったという。もし、この教員が猪之吉を見出していなかったら、その後の耳鼻咽喉科学は大きく様相を変えていたかもしれない。

尋常中学校時代（右）

猪之吉が福島県尋常中学校に合格したのを機に、父・常保は、ゆくゆくは郡長までが約束されている上席郡書記の地位をあっさりと捨て、中学校がある福島市の西方10ｋｍ、信夫郡佐倉村に転居。

村役場の書記として勤めることになった。一家の新しい生活が始まり、明治20（1887）年、猪之吉は福島県尋常中学校に入学。明治23（1890）年には異母妹・キクが誕生した。

猪之吉は中学校時代、朝3時半に起きて食事の支度をし、往復5里（約20km）の道を通い、帰宅後も水汲みなど家事の手伝いをしたのちに勉強するという日々を送っていた。そんな努力の積み重ねの結果、数学、英語、体育など成績は優秀。特に国語は常に満点で「第2の樗牛《ちょぎゅう》（思想家・評論家の高山樗牛）」と呼ばれていた。ちなみに樗牛は同中学校卒の先輩でもある。福島県尋常中学校は首席で卒業。その後上京して難関を突破し、第一高等中学校への入学を果たした。

戊辰戦争、明治維新という歴史上大きな出来事が、二本松藩という東北・福島の小藩に属した久保一族に与えた苦難、そして猪之吉の生活に及ぼした影響は計り知れない。しかしそれによって鍛えられた精神および肉体が、その後の学問の世界、文化的あるいは社会的活躍の原動力となったともいえる。また生母・コウの実家は二本松藩きっての学問の家系だったこともあり、小此木一族の遺伝子の影響、特に叔父（コウの弟）の小此木信六郎（ドイツに長期留学した耳鼻科医鼻祖の一人。日本医科大学2代目学長）が陰に日向に支援したことは想像に難くない。

さらに、名門の上級武士の子として漢学、儒教、書道、短歌などを学んでいたため素養は高く、幼い頃受けた教育についても充分だったと思われる。

3．文学への芽生えと落合直文との出会い

尋常中学を卒業後、猪之吉は東京の第一高等中学校（旧制一高）に進学、東京での暮らしが始まった。

落合　直文

その頃旧制一高の教授には高名な国文学者・落合直文がいた。落合は仙台藩の重臣・鮎貝家に生まれ、東京大学古典研究所を経て旧制一高の教師に就任。長編新体詩「孝女白菊の歌」で名声をあげ「真正の日本主義」を唱え、短歌の革新、詩、文の改良を意図して近代初の短歌結社「浅香社」を創立、主宰した人物だ。歌人としての号は「萩之家」、代表作として「緋縅のよろひをつけて太刀佩いて見

ばやとぞ思ふ山桜花」や、唱歌「青葉茂れる桜井の…（楠公の歌）」がよく知られている。

落合は旧制一高で国文学、文典を教え、短歌会の指導にもあたっていた。猪之吉は落合を尊敬し慕い、住まいも同じ本郷・駒込で近くだったため、しばしば落合のもとに通い、知遇を得るようになる。落合は猪之吉の生活が困窮している様子を知り、猪之吉の寄宿先だった正念寺を訪ね、住職に猪之吉のため礼を述べた上、学費の補助を申し出た。当時、落合は教職の傍ら『日本文学全書』や『家庭教育歴史読本』の共著、教科書編纂など国文学の普及につとめており、折から編集中の辞書『日本文典』、国語辞典『ことばの泉』編集に際して、文科ではなく医科志望であった猪之吉に手伝いを求め、そのお礼を学費の補助にする、という配慮をした。

間もなく猪之吉は落合が主宰する浅香社にも参加するようになった。同人には与謝野鉄幹、大町桂月、鮎貝槐園（落合の弟）、金子薫園、武島羽衣などが名を連ねていた。その頃は短歌の革新運動が起こっており、浅香社はその先駆け的存在だった。そういった流れの中で、落合、そして浅香社の同人たちとの交流を通して、猪之吉の文学的土台は築かれていった。

4. 東大入学、雷《いかづち》会の結成とその終焉

いかつち會規約

本會は明治三十一年六月三十日五名の同志によりて起れるもの創作と批評とに於て明治の歌壇を開したるものあるを信ず今より後は五名の發起者を幹部員とし廣く世上に向ひて同志を募らむとす。

いかつち會規約

第一、本會は日本韵文を研究してその革進を期す。

第二、本會は事務所を東京本鄕區駒込淺嘉町六十四番地に定置す。

第三、何人といへども本會々員たる事を得べし。

第四、本會幹部員五名は本會に係はる總ての責務を負ふ。

第五、本會幹部員の外は本會組織上に於ける責務と權利とを有することなし。

「いかづち会」（後列左より２人目　久保猪之吉）

第一高等学校を卒業した猪之吉は、医学への志を高めながら明治29（１８９６）年に東大医学部に入学。猛勉強に明け暮れる日々を過ごした。そんな中、文学界ではいくつかの動きが起こっている。

明治31（１８９８）年2月に、正岡子規は新聞「日本」紙上に「歌よみに与ふる書」を発表し短歌革新の口火を切り、佐佐木信綱は短歌雑誌『心の花』を創刊。その潮流に呼応するように、同年4月、猪之吉は「梔園翁の一夕話を読みて歌の品格に及ぶ」を讀賣新聞の紙上に投じて

歌壇に登場し、次いで「心の花」に「短歌の運命」を掲載して斬新な歌論を展開。こうして浅香社内では、短歌革新の機運が高まっていった。

同年6月30日、猪之吉は短歌結社「いかづち会」を結成。同人は東京帝国大学の学生から文科の尾上柴舟、大伴来目雄、法科の菊池駒治、医科の斉藤雄助、久保猪之吉。猪之吉の須賀川時代の後輩・服部躬治をくわえて総勢6名、いずれも落合の門下という顔ぶれだ。落合は情に厚く包容力のある人柄で、同人たちに「独自な歌を詠め。古人にも今人にも追従するな」と指導し、彼らはそれぞれの道で活動していった。

結社の名称「いかづち」は雷を意味し、猪之吉が命名したものだった。

第1回の会合は正念寺で開かれたが、その日は正午から土砂降りとなり、凄まじい稲妻と雷鳴が轟いた。短歌会の名を決めるため議論中だった面々に、猪之吉は「頑迷な歌人たちの目を覚ます意味も含めて、『雷会《いかづち》』にしてはどうだ!」と意見し、皆がこれに賛同、いかづち会が誕生した。この時、猪之吉は医科大学の2年生。堂々たるリーダー振りといえる。

いかづち会の第一声は、主導者・猪之吉が讀賣新聞の紙上および「心の花」に発表した歌論で、「題詠を非とし、一方的な旧派の攻撃に留まらず、新派の放逸を排し、両派の調和による折衷的な短歌改良を主張、思想内容の向上と用語句法の清新をうたっている」という内容が注目を浴び、さらに矢継ぎ早に発表された「いかづち会短歌」によって歌壇にセンセーションを巻き起こした。

当時の猪之吉の代表的な歌を列挙したい。

「いもうとは軒の葡萄を指さして　熟せむ日まで止まれといふ」
「草鞋して渉る浅瀬の水きよみ　さばしる鮎のかずもよむべし」
「見じと言ひてはこにをさめし恋人の　文なつかしくなりにけるかな」
「物皆は若き時こそよかりけれ　薊の葉をもて頬もなづべし」
「死してのちまこと行くべき天ならば　かの明星《あかぼし》を宿とさだめむ」

新しい歌の出現を待ち望んでいた者たちにこれらの歌は新鮮に響き、短歌の新時代の到来を予感させた。正岡子規は「根岸短歌会」を起こし、また落合門下の与謝野鉄幹は「東京新詩社」を発足。新詩社が発行する機関誌『明星《みょうじょう》』の名は、猪之吉の同意を得て上掲の第5首「死してのち――かの明星を――」から採ったとの説もある。

猪之吉の瑞々しい言葉と浪漫的な詠風は若者たちに人気があり、当時、大阪・堺の女学生だった鳳晶子（与謝野晶子）は、上掲のもっとも有名な第1首「いもうとは――」を目にし、新しい歌をつくる決意をした、という話が残っている。

5. 歌壇・文壇活動の断念

猪之吉は明治31年から33年にかけて新聞紙上、雑誌などで盛んに歌を発表していたが、明治33（1900）年12月に大学を卒業すると、次第に歌作、論文も少なくなり、その年の9月「明星」に出た論文「帝国文学記者足下」を最後に歌壇より遠のき、いかづち会も自然消滅。明治34年から35年4月にかけての『明星』『心の花』に、ペンネーム「猪之吉・ゐの吉」の短歌がいくつか見られるが、次第に彼の活動は医学評論・時事評論に移り、明治36（1903）年2月「和歌の上に現れたる仏教思想」の発表をもって歌壇・文学界から身を引いた。

これは大学を卒業後に耳鼻咽喉科に入局し、医師としての道を歩き始め、医業が多忙になったためだ。簡単にいえば本業である医学に専念したのだが、これについて猪之吉は明治36年、「明星」に「余がウィルヒョー観」と題して、世界的な病理学者であり当時のドイツの大宰相・ビスマルクに対抗した自由主義者の政治家でもあったウィルヒョーと、国史学の大家であった本居宣長が本業は紀州藩の小児科医であり、自宅でも診療を行ないつつ学問・弟子の教育は専ら夜間に行なっていたことを列挙し、共に生業の医業を第一にしたことを挙げ、自身もそれに倣うと述べている。それ以降、余業としての個人的な歌作はしたものの、歌壇の第一線に復帰することはなかった。

それでも明治における短歌革新運動という点から、いかづち会と猪之吉の功績は正岡子規や与謝野鉄幹と並んで大いに評価されている。「明治の和歌革新運動で、久保猪之吉博士は重要な一役を演じ終せたのであって、博士の功績は明治和歌史上不滅のものである。和歌はその後も時々作っておられたが、ついに第一線への復帰なくして終わったのは残念である。」との評も残っている。

『明星』

時計台（東京帝大医学部本部。この中に耳鼻科外来もあった）

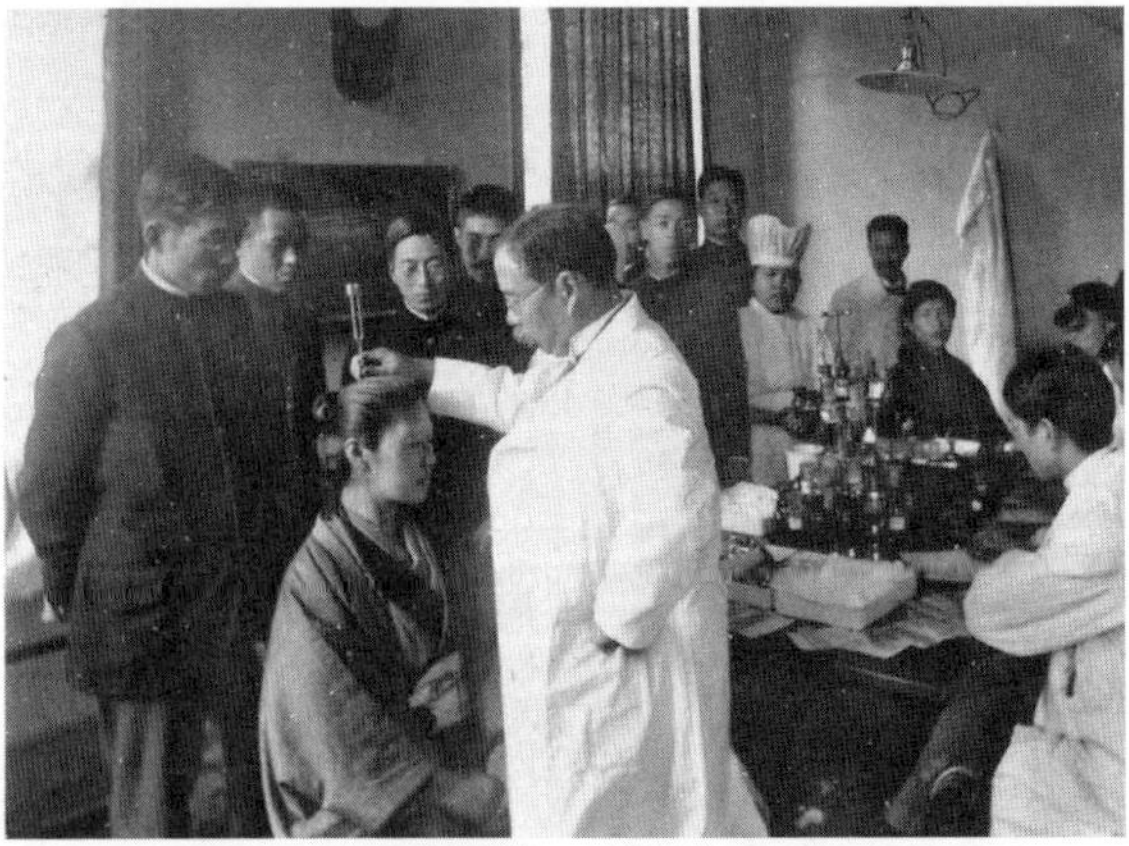

岡田和一郎教授

第2章　医師として立つ

1．耳鼻咽喉科医として出発

明治33（1900）年12月、猪之吉は東大医学部を卒業。学業にも勤勉だった彼は、卒業成績4番という優等生だった。

卒業後の進路を選択する際、猪之吉は眼科を専攻しようと考え、眼科の河本教授を訪問した。しかし河本教授からは「眼科はつまらんから、君は耳鼻科をやったらどうか」といわれ、それならとドイツ・チュービンゲン大学に留学し、耳鼻咽喉科学を8年間学んで帰国していた叔父・小此木信六郎を訪ねて相談。信六郎の勧めもあり、日本で開設されたばかりの東大医学部耳鼻咽喉科講座に進むこととなった。

ここで、小此木信六郎の人物像について少し触れておきたい。

猪之吉の生母・コウの実家である小此木家は代々二本松藩医で、福島県きっての学問の家系だったことは述べたとおりだが、その小此木の家系からは多数の耳鼻科医、学者が出ている。

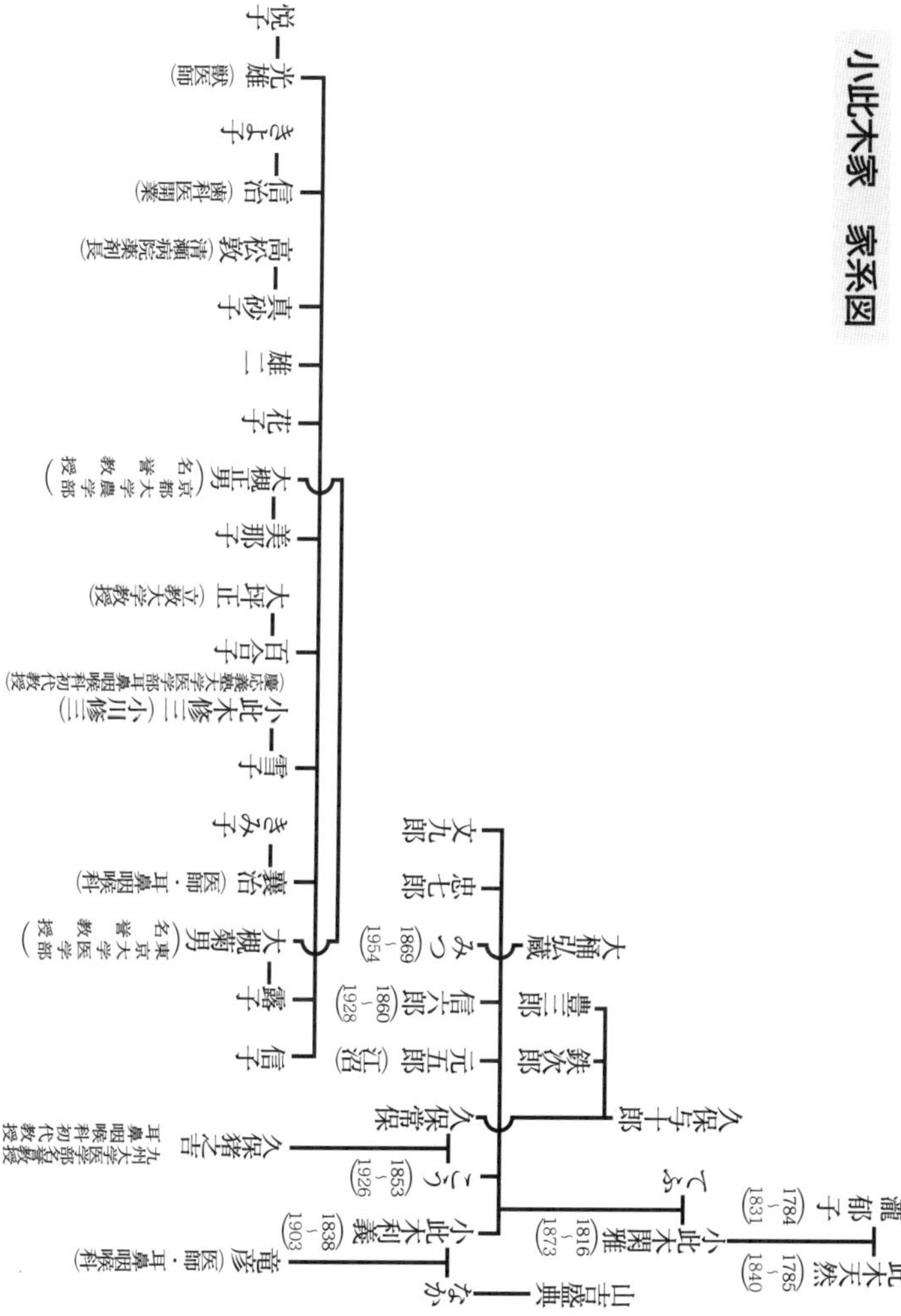
小此木家　家系図
小此木天然（1785〜1840）
木瀧郁子（1784〜1831）
小此木閑雅（1816〜1873）
てふ
山吉盛典
なか
小此木利義（1838〜1903）
こう（1853〜1926）
久保常保
久保与十郎
鉄次郎
豊三郎
元五郎（江沼）
信六郎（1860〜1928）
みつ（1869〜1954）
大槻弘蔵
忠七郎
文九郎
久保猪之吉（九州大学医学部耳鼻咽喉科初代名誉教授）
竜彦（医師・耳鼻咽喉科）
信子
露子
大槻菊男（東京大学医学部名誉教授）
襄治（医師・耳鼻咽喉科）
きみ子
雪子
小此木修三（小川修三）（慶応義塾大学医学部耳鼻咽喉科初代教授）
百合子
大坪正（立教大学教授）
美那子
大槻正男（京都大学農学部名誉教授）
花子
雄二
真砂子
高松敦（清瀬病院薬剤長）
信治（歯科医開業）
きよ子
光雄（獣医師）
悦子

猪之吉の曽祖父にあたる小此木天然は文政6（1823）年から文政12（1829）年まで長崎の鳴滝塾でシーボルトに師事。その後、郷里の二本松に帰り、小此木学系といわれる多くの弟子を育てたため、東北における西洋医学の嚆矢《こうし》といわれた。

天然の長男・閑雅は猪之吉の母方の祖父にあたる人物だ。江戸に出て坪井信道に医学を学び、郷里においては主に外科で名声を得、嘉永6（1853）年、二本松で初めて種痘を行なった。その長男・利義は蘭方、解剖に長じ須賀川医学校で教えていた。三男・信六郎は須賀川医学校に学んだのち、明治9（1876）年に上京し、東大医学部の予科に入学。須賀川医学校には3歳年上に後藤新平（高野長英の甥。名古屋で医師のち伯爵・政治家として活躍）がいて親しくしていた。

明治21（1888）年7月、信六郎は東大医学部を中退してドイツに私費留学。チュービンゲン大学において、日本人で初めて耳鼻咽喉科を学んだ。

小比木　信六郎

奇しくも同年12月、賀古鶴所《かこつるど》（東大医学部卒。軍医・山県有朋視察団に随行）、金杉英五郎（東大医学部卒。私費留学）も同じ船で共にドイツに渡り、耳鼻咽喉科を学んでいる。

半年間の視察を終えた賀古は明治22（1889）年に帰国。

後藤 新平

賀古 鶴所

金杉 英五郎

軍医学校で講義し明治23（1890）年、創設されたばかりの日本赤十字病院において、日本で初めての耳鼻咽喉科診療を開始した。金杉は明治25（1892）年ドイツ留学より帰国後、自宅で耳鼻咽喉科医院を開業すると共に、東京慈恵会医院で講義を行ない、翌26年東京耳鼻咽喉科医会（のちの大日本耳鼻咽喉科学会）を結成。大正10（1921）年、東京慈恵会医院医学専門学校が大学令により東京慈恵会医科大学に昇格すると、同大初代学長になっている。

一方、最初に渡独した信六郎のドイツ滞在は8年間に及び、医学部卒業後、研究を行ない「ドクトル・メヂチーネ（医学博士）」の称号を得、大学助手として勤めたのち、明治29（1896）年に帰国。賀古、金杉の2人より遅くはなったものの、開業と同時に済世学舎でも講義。済世学舎が廃校してからは後進の日本医科大学設立に深く係わり、その第2代学長に就任。日本における近代耳鼻咽喉科学は、賀古と金杉、そして信六郎の3人が帰国後、こうして揺籃期を迎えたのだった。

以上のような経歴を持つ信六郎なので、甥の猪之吉が自分と同じ耳鼻科への道を歩もうとしているのを聞いて大いに喜び、東大医学部に耳鼻咽喉科講座を開講したばかりの岡田和一郎助教授（当時）に紹介した。

明治34（1901）年1月、猪之吉は東大医学部の耳鼻科教室にとって最初の学士入局者となり、副手として採用され、同年7月には助手となった。初の学士助手として岡田教授からの期待は大きく、それに応えて臨床、研究に熱心に取り組み、特に手術の腕はドイツ帰りの岡田や信六郎も称賛する上達ぶりであった。また、毎日の外来・手術・入院患者の診察に加え、夜には信六郎の小此木耳鼻科病院へ手術や講習会の講師として度々出向き、さらに得意の語学では、英語やドイツ語の他にフランス語、スペイン語の学習も積んでいた。これは秘かに欧州留学をめざしていたためだと思われる。東大医学部を、優秀な成績で卒業した勤勉な猪之吉だったが、職業としての医学の世界では多忙を極めていたようだ。

スペイン語の習得については、ちょうどその頃、日本に亡命していたフィリピン人の独立運動志士が、鼻病を受診するために東大医学部を来訪していたので、猪之吉はこの機会をとらえた。フィリピン人はスペイン語ができるので、猪之吉はスペイン語を習いながら鼻を治療しようと考え、午後は毎日1時間スペイン語を習い、これをマスターして鼻の手術をしたのだった。さらに、山川健次郎総長を訪ね、この独立運動志士の仲間で、医学を志す2人を大学の眼科と歯科に推薦。語学の才能と対人交渉の資質があった猪之吉の一面をあらわしている。

その後、猪之吉は多忙な日々の中にも努力を重ね、医局長となり、耳鼻咽喉科学会の会報を任されることになった。耳鼻咽喉科の学会は、開業していた金杉英五郎が呼びかけた7人の発起人によって明治26（1893）年、東京耳鼻咽喉科会を結成したことから始動。第4回が経過した明治30（1897）年に大日本耳鼻咽喉科会と改称され、金杉や信六郎の提唱によって会務を東京帝国大学に移すことになった。明治35（1902）年には、東大医学部および東京慈恵会医院、日本医学専門学校などの私立医学校、赤十字病院、開業の耳鼻咽喉科医を統合した大日本耳鼻咽喉科学会が発足、金杉は名誉会頭となり、岡田を会頭、信六郎を副会頭に推薦して会務を東京帝国大学に移管。会報の編集主幹と会務が、岡田からの信頼が篤く、医局長でもあった猪之吉に託されたのである。

猪之吉は『日耳鼻会報第8巻（4・5合併号）』に有名な「任に就きて志を言ふ」の巻頭

言を掲載。これは後世に残る格調高い名文だ。主旨は「わが国に耳鼻・咽喉の疾患は多く、治療を受ける機会がある患者は少ない。現在、医学専門学校を含めて耳鼻科の講座・クリニックがあるのは東京帝国大学のみであり、病院で独立した耳鼻咽喉科があるのは五指にも満たず世間に耳鼻咽喉科を知るものは少ない。わが専門科を学ぶ研究者を増やしわが耳鼻咽喉科を普及・発展させよう。このたび金杉、小此木、岡田先生はじめ先人たちが私利私欲を捨て集まり団結したことは喜ばしい。学問は公の物であり、真理は共通である。われわれも先人に続き山の頂を目指そうではないか」というものであった。当時はまだ20代だった猪之吉だが、すでに耳鼻咽喉科新進気鋭の期待の星となっており、その後も会報の編集において素晴らしい能力を発揮。その形は長くのちの会報に残された。こういった才能は、おそらく落合直文の『言葉の泉』の編集を手伝っているうちに磨かれたものだと思われる。

大森 治豊
福岡医科大学長

その頃、事態は猪之吉の知らないところで進んでいた。東京、京都に次ぐ3番目の帝国大学を九州につくる機運が盛り上がり、京都帝国大学福岡医科大学が設置されることになったのである。学長・大森治豊は耳鼻咽喉科の開講を望んでいた。大森は山形の上山《かみのやま》藩医の子息で東京大学医学部第2期（明治12年）の卒業生であり、福岡県立病院外科部長、院長を経て初代学長に任じられていた。東京に知人が多く医界事情にも精通した大森は、上京して岡田を訪ね、猪之吉の福岡医科大学赴任を懇請した。

明治36（1903）年6月、猪之吉は京都帝国大学福岡医科大学・初代教授の職を帰国後に約束された官費留学生として、南ドイツ・フライブルグ大学の鼻咽喉・気管食道学の泰斗グスタフ・キリアン教授のもとへと旅立つことになる。猪之吉29歳、日本での苦難の修業時代は終わり、新たな才能が開花する世界での修業時代が待っていた。

話は少し戻るが次項より、妻となる宮本より江との出会いや、ドイツ留学に至る詳細を、エピソードを混ぜて述べてみる。

2. 猪之吉と宮本より江の出会い

医学の道を邁進する猪之吉だったが、東京で修業中の頃、多忙な日々に彩りを添えるようなできごとがあった。後に久保夫人となる、宮本より江との出会いである。

宮本より江は明治17（1884）年、愛媛県松山市の宮本正良・ヤス夫妻の長女として生まれた。父・正良は旧松山藩士で、東京に遊学したこともある進取の気性をもつ事業家だ。この正良が西條にある市之川鉱山の総支配人に着任したため、両親は西条に転居し、より江は母の実家（祖父母）松山の上野家に預けられた。この松山時代、より江12歳の時に、後の人生を左右する貴重な体験をすることになる。

明治28（1895）年、上野家の離れに、松山中学に赴任した教師が下宿する。その人こそ後に文豪となる夏目金之助（夏目漱石）である。下宿は「愚陀佛庵《ぐだぶつあん》」と命名され、様々な人が若き漱石を訪ねてここにやってきた。漱石の親友・正岡子規も日露戦争の従軍記者を辞めて松山に帰郷し、度々愚陀佛庵に顔を出し、再び上京するまでしばしば長逗留していた。家主の孫にあたるより江も敷地内の愚陀佛庵に出入りするようになり、闊達で聡明なより江は、漱石や子規をはじめとして愚陀佛庵に出入りする客の文人・俳人（高浜虚子など）たちに可愛がられた。散歩のお供や、時には句会の席の片隅にいることもあったそうだ。また、より江は文才に恵まれていたのか、勧められ句を詠んだりすることもあり、そうやって大人たちの文学談話をそばで聞いているうちに、次第に文学や俳句・和歌に対する憧れのようなものが芽生えていた。しかし当時、教育熱心な土地柄の松山でも、女学校に進む女の子はほとんどいなかった。

明治33（1900）年、家族（特に祖父）の勧めにより、より江は勉学のため上京し、新設の東京府立第二高等女学校（現・東京都立竹早高等学校）の補習科に入学。熊本の五高教諭を経て東京に戻っていた漱石を訪ね再会を果たし、文学の指導を受けるため漱石宅に出入りし、鏡子夫人にも可愛がられた。

より江と猪之吉が親交を結ぶようになったのは、この頃だったのかもしれない。もとより猪之吉には松山との縁があった。当時、旧制一高時代の下宿先として恩を受けた農商務省の技手・梶浦釜次郎が役所を辞めて、より江の父・正良が支配人を務める愛媛県西条の市之川鉱山の鉱山技師となっていたのだ。また松山中学の横地校長と書道教諭の犬塚又兵

より江夫人

は福島・安積中学時代の恩師でもあった。猪之吉は卒業のお礼もかねて梶浦を訪ね、松山に数日間滞在。そこで松山中学に在籍する福島中学時代の恩師たちと再会し、梶浦の上司の娘・宮本より江とも出会ったのだと思われる。

より江の東京住まいは、小石川に住む梶浦の兄夫婦が下宿先

として受けいれてくれた。東京府立第二高等女学校へは徒歩5分、大学を卒業して転居した猪之吉の下宿も同じく小石川原町にあった。その頃はちょうど、猪之吉が旧制一高時代から落合直文のもとで始めた短歌が、いかづち会という短歌革新結社となって開花し、新聞や雑誌に歌作や歌論として発表されるようになっていた時期だ。

「ゆあみしていざ髭剃りて尋ねばや　妹が垣穂の梅もこそ散らめ」

「川上にやすらふ君をなつかしみ　流れ来る花を掬びつるかな」

「見返れば花の吹雪にかくれけり　君がやすらふ東屋のかげ」

歌には恋の予兆が見え隠れしている。

猪之吉は大学を卒業した後、叔父・信六郎のつてを頼り東京帝国大学耳鼻咽喉科の副手に任ぜられた。最初の学士入局者として歓迎されたが、副手は職員とはいえ無給があたりまえのような時代だった。この傾向はしばらく変わらず、昭和時代まで続いた。そのため、生活のためのアルバイトが許されており、猪之吉は多忙な大学での仕事を終えると小此木病院に向かい、夜間の診察を手伝った。ドイツ留学帰りの二人の気鋭の医師からの指導で、持ち前の才能は一気に開花。特に手術は沈着で精緻で速く、間もなく週2日の代診、手術も任されるようになった。この頃、小此木病院では猪之吉の生母・コウが看護婦長として働いていた。猪之吉を生んで7日後に「家風に合わない」と久保家を出された実の母だ。コウは弟の信六郎の好意で病院に勤めており、裏方を取り仕切っていた。明るく優しい性格で、従業員たちにも慕われていたという。大きく成長した猪之吉を見守る姿が想像される。

より江は明治34（1901）年、『明星』に猪之吉と連名で短歌「小百合」を発表。これが好評で美文「ささら雪」が『新声』に掲載され、周囲からより江の歌人としての門出と二人の仲が祝福された。まもなく『明星』誌上に、より江の写真が医学士・久保猪之吉夫人として掲載された。

ところが、ある日突然、猪之吉の父・常保が上京し、小此木邸を訪問。猪之吉とより江の結婚を阻止すべく、福島の病院長で名士の娘との縁談を持ってきたのだった。この時は信六郎の必死の説得で常保は郷里へ退散した。次いで、男ではだめとばかりに継母・ミツが上京したが、在京中に不運にも腸チフスを発病し急逝。福島で罹患していたようだ。

明治36（1903）年5月25日、久保猪之吉、宮本より江は神前で簡素な式を挙げ結婚・入籍。その頃、猪之吉とより江の人生を左右する別の事態が二人の知らないところで進んでいた。前述の、九州に帝国大学を設立しようという動きである。そこに耳鼻咽喉科を開設するために猪之吉の名があがっていたのだった。

3．3番目の帝国大学 九州で創立準備

九州に3番目の帝国大学を設立しようという機運が盛り上がりをみせ、明治36（1903）年、福岡市に京都帝国大学福岡医科大学が設置された。

学長・大森治豊は外科、内科、産科、眼科に次いで耳鼻咽喉科の開設を切望。大森は山形県の上山《かみのやま》藩医の子息で、東京大学医学部第2期（明治12年）の卒業生である。練達の外科医として知られ、福岡県立病院外科部長、同院長を経て福岡医科大学の初代学長にも任じられていた。東京に知人が多く医界事情にも精通していた大森が、東京帝国大学耳鼻咽喉科の岡田教授に猪之吉の福岡医科大赴任を懇請したのは先述の通りだが、これに関して秘話ともいうべき興味深いエピソードがある。

猪之吉の小学生時代の友人で、のち小此木信六郎の弟子となる大野喜代次は当時の様子

を思い出し、こう語っている。
「福岡医科大学が出来た頃、小此木邸に後藤新平男爵が訪れた。後藤と小此木は須賀川医学校時代の旧友で莫逆の友だった。
後　藤『これからドイツに行くが用はないか』
小此木『後藤君、多忙中恐縮だがお願いがある。福岡医科大（京都帝大福岡医科大学）耳鼻科教授候補として岡田教室の助手久保猪之吉を採用するよう大森学長に依頼状を書いてくれ給え』
後　藤『久保とは何処の人間か』
小此木『二本松だよ』
後　藤『なに、二本松だ？　君の同郷か』
小此木『実は僕の甥だ。甥を推薦するのは利己的のようだが、久保は将来見込みある人間だから開業医で終わらせるのは国家の為には惜しい。久保は決して君を辱むることはあるまい』
後　藤『よし君の甥なら頭は確かだろう。殊に君がそれほどに認めるなら間違いはあるまい。幸い船は門司に停泊するし大森君には訣別を告げたいと思うから福岡に立ち寄って直接話しておくよ』

数日後、豪放な後藤男爵より快報。『大森君は委細承知した安心せよ』と。月を経て大森学長飄然と東大岡田教授を訪問し、『貴下の助手久保なるもの福岡医科大学教授候補として譲り受けたい。本人にも紹介を』との申し込み。岡田・大森先生の面前にて告げられた先生（猪之吉）は『一夜篤と熟考もしたく相談すべき人もいますので明日まで猶予を』と告げ直ちに小此木に相談。すると『それは非常に結構な事だ、男を見込まれたからには是非受けて一心にやるがよい。明日は岡田先生にどうぞよろしくお世話下さいと願いなさい』というだけであとは何も無かった。」

当時、大野は信六郎の側近ともいえる立場にいて、猪之吉の福岡医科大耳鼻科教授着任の様子を子細にわたって見ていた。豪放で敏腕政治家である後藤（仙台藩の飛び地・岩手水沢藩出身の医師・政治家。のち男爵・伯爵）と、山形・上山藩の大森、さらに福島・二本松藩の小此木ら奥州人たちの明治ならではの、阿吽の呼吸だったようだ。

明治36（1903）年6月27日、猪之吉は京都帝国大学福岡医科大学耳鼻咽喉科の初代教授という地位が帰国後に約束された官費留学生として、南ドイツ・フライブルグ大学の鼻咽喉・気管食道科学の泰斗グスタフ・キリアン教授の下へと旅立った。当時のことで、もちろん単身留学である。猪之吉の留学修業はそれから3年半に及んだ。

4. 官費留学生としてドイツへ

欧州への旅は、横浜港から日本郵船の備後丸に乗船して出発。旧制一高の恩師でもある落合直文は体調を崩していたが、そんな状況の中でも横浜港まで足を運び、猪之吉を見送った。落合は見送りの車中で和歌を作り、猪之吉に手渡している。

「やすやすも3年は待たむかへり来て　我死なむとき脈とらせ君」

猪之吉の回顧談にはこう綴られている。

「そのころの留学期限は3年であった。そして先生は3年間の寿命は大丈夫と思って居られたのであらう。自分はさびしい気持ちをもちながら『やすやすも待ちしいませ3年あれば　君がくすりを見い出て帰らむ』とお答えした。しかるにその暮れ、12月16日にはご他界あったことを翌年になって妻から知らせてきた」

留学先は南ドイツのフライブルグの鼻咽喉・気管食道科学の泰斗グスタフ・キリアン教

授のもとで、現地フライブルグに着いたのは1903（明治36）年8月。猪之吉28歳、キリアンは43歳の時だった。東京帝国大学の解剖学教授・大沢岳太郎の紹介状を持っていた猪之吉は「大学卒業後2年位専門（耳鼻咽喉科）をやってゐたのだが、キリアン先生がどれだけ業績のある人か、どの位偉い人なのか知らないで行ったのは今でも恥かしいと思ふ」と後日「先師キリアン先生の許にあった頃」で書いている。「少し会話の稽古をして先生に御目にかかり大学の外来に出ることになり、患者を渡されたが患者の言葉がまるで分らない、習ったドイツ語ではまるきり通じない」というのは患者の地元訛りが強かったためだが「ドイツ語をしっかりやらないと患者の治療は難しからうと励まされ、時々ドイツ語の手直しまでしていただいた」と述懐しており、語学、特にドイツ語には自信があった猪之吉も、現地で戸惑った様子が窺える。

グスタフ・キリアン
（1860–1921）

また、当時の様子は、キリアンの令息・ハンスが父の生涯を書いた『グスタフ・キリアン　その生涯その仕事』の中の「Ino Kubo」の項に詳しく記されている。以下は、その抜粋である。

「ある日フライブルグに一人の小柄な日本人が現れ、フライブルグの人々に小さなセンセーションを起こした。彼の名はイノ・クボ、これより2年間キリアンの助手となった。はじめの頃は言葉の問題があったが、彼は極めて誠実で勤勉であったので、皆に好かれ親しまれ、全てうまく運ぶようになった。イノ・クボは日本人の友人と住んでいた。二人は時々凍った湖へアイススケートに行ったがいつも転んでばかりで、悪童たちにはやし立てられていた。倒れて助け起こされるまで身を任していた。これを機会に小さな子供たちに持参した日本の郵便切手を配るためだった。彼は懸命に学び努力の末、医学上の仕事を成し遂げて、日本でも名声を得る人物となり、キリアンの最も愛する忠実な弟子となった。ドイツを去る時、日本の儀式に則って一振りの古いサムライの刀を贈ってくれた。彼は死ぬまで恩師を敬慕していたと彼の妻が手紙をくれた」

ちなみに「Ino Kubo」の名は、猪之吉自身がフライブルグ到着直後、フライブルグ市役所に届けた名前だ。（談・曽田豊二・福岡大学名誉教授・耳鼻咽喉科）

グスタフ・キリアンはストラスブール大学とフライブルグ大学で基礎・臨床医学教育を経てハイデルブルグ大学を卒業、ベルリン大学ハルトマン・フレンケルに鼻咽喉・気管食道科を学んだ。35歳でフライブルグ大学の鼻咽喉・気管食道科教授となり、1907（明

フライブルグの下宿にて

治40）年、気管支内視鏡を発明。気管支異物や食道異物の摘出・操作方法（懸垂頭位法・麻酔など）器械の開発・臨床応用を行ない、「気管支鏡の父」として世界的に知られている。キリアン教室にはヨーロッパ各国はもちろんアメリカからも入門・見学者が訪れるほどの人気ぶりで、度々、実技講習会が開かれていた。

また、キリアンは鼻疾患についての大家でもあり、鼻・副鼻腔のレントゲン検査や前頭洞手術、鼻中隔（粘膜下）矯正術の開発にも熱心だった。

猪之吉は入局半年後、ハイデルブルグで行なわれた南ドイツ喉頭科学会でキリアンの偉大さを知ることになる。学会では、ドイツ全土やイギリスから参加した大家（フレンケル・シュミット・ゼモンら）の前で敢然として一歩も引かず、キリアンの独壇場だった。

キリアン教室の決まりとして、必ず教授自身が診察し、記録も必ず残すというものがあった。これは患者の変化・非常時を見逃さず、かつ新たな治療方法を見つけるのに役立つ。気管支異物の摘出では粘り強く「異物は必ず取らねばならないの精神」でやるように言われた。キリアンは弟子たちには厳しく、怠け者は叱責し、容赦なく教室から追い出したという。一方、医局外の人にも見学を許し、技術を持った人には教室員のための講義を依頼。自説を曲げない所もあったが、優れたものや正しいことには我を通すことなく受け入れる人物だった。

教室では時々、弟子たちに患者を供覧させ、その所見を紙に書いて提出させるテストが行なわれていた。ある日のテストで、皆がキリアン教授から首を横に振られる中、猪之吉だけが「ヤアヤア（正解正解）！」と言われ頷かれた。それは「声帯の下面から茎を付けて出たポリープ（有茎性ポリープ）」であり、咳をした時にしか見えないものだった。さらに猪之吉はその難しい手術を任され成功する。勤勉さと鋭い観察眼・技術で、外国人にはなかなかなることができない助手として勤め、最新の知識と技術を習得していった。そうした日々の中、留学した年の暮れには京都帝国大学福岡医科大学助教授の辞令が出された。

猪之吉の学識と愛すべき人柄に感服したドイツ人たちは、彼を「ドクトル・ヘン（小さな賢者）」と呼んで尊敬した。猪之吉もまた、キリアン教授を生涯の恩師として慕い、尊敬していた。京都帝国大学福岡医科大学の耳鼻科創設と運営にあたっては、キリアン教授の制度・方法を踏襲したものが多くみられる。

当時、猪之吉がフライブルグの下宿で詠んだ歌がある。

「霧ふかき南ドイツの朝の窓　おぼろにうつれ故郷の山」

後年、この歌の歌碑が四三会（同門会）により、耳鼻科教室前に建立された。現在は、久保記念館前の胸像横に移設されている。

3年間のフライブルグでの留学を終え、猪之吉はバーゼル大学のジーベマン教授、ウィーン大学の耳科学の大家・ポリッツェル教授のもとで臨床研究を行なった。その頃、耳科助手としてバラニー（のちノーベル生理学賞を受賞した）が患者に温度眼振検査を行なっていたので、自分は動物実験で行なうことを思いつく。生理学教室（クライドル

ウィーンでの日本人留学生（前列右より２人目　久保猪之吉）

教授）に移りウサギ、猫、鳩、魚で研究し、トリエステ（イタリア）の海洋研究所では魚を使った実験を行なった。教授指導のもとで「聴神経より（特に温度眼振検査にて）発起せる眼運動に就いて（独文―１９０７年）」の論文を作成。これはバラニーの仮説を実験的に立証する重要なものだった。また、留学中の明治39（１９０６）年4月、猪之吉はリスボンで第15回万国医学会に日本代表で出席し「鳩ウサギ等の三半規管前庭の生理について実験結果」の演題で講演している。

猪之吉はオランダのユトレヒト大学の生理学教授・ツワルデマーケルのもとにも滞在し、嗅覚検査法と音声分析・無響室について学びを深めた。教授は彼を歓迎し親切に指導、昔のように日本とオランダの医学上の交流が復活することへ大きな期待を寄せていた。後年、九州帝国大学耳鼻咽喉科から小野、合馬、百合野ら3人の留学生が教授のもとでそれぞれ耳内筋、嗅覚、音声分析の生理研究を遂げ、その期待に応えた。このように、猪之吉は新設大学の初代教授として、将来を見据えた万全な準備も怠らなかった。

第3章　九州帝国大学の創立

1．京都帝国大学・福岡医科大学教授として赴任

猪之吉が耳鼻咽喉科・気管食道科学研修のための3年4ヶ月の欧州留学を終えて横浜港に着いたのは、明治40（1907）年1月1日のことだった。待ちわびていた妻・より江との再会も慌ただしく、1月5日には九州・福岡市に新設された京都帝国大学福岡医科大学に着任するため、共に新橋駅から汽車に乗り博多へ。10日、福岡医科大学教授に就任し、2月19日には耳鼻咽喉科学講座を開設した。4年前に創設された京都帝国大学福岡医科大学には学長・大森治豊以下、教授陣には内科の稲田龍吉、精神科の榊保二郎、小児科の伊東祐彦、眼科の大西克知、生化学の後藤元之助、解剖学の桜井恒次郎、生理学の石原誠らがすでに在籍しており、猪之吉にとってはいずれも東京帝国大学時代、また欧州留学時代からの知己であった。

同年6月『福岡医科大学雑誌』が創刊され、雑誌部長に猪之吉が就任。東京の学生時代から新進気鋭の歌人・文学者として学内外に名が知られていたため、雑誌編集担当には学内の一致した推薦があったことと推測される。猪之吉は『福岡医科大学雑誌』の発行辞に

福岡医科大学第1回卒業生（明治40年）

耳鼻科開講1周年記念撮影（明治41年）

おいて「大学は頭脳の集積所とエネルギーの塊である―（中略）―雑誌は一種の学術的医学雑誌となし、一面に研究および実験成績を報告し、一面には各専門科の新潮を総合報告し、兼ねて学友会の疎通を計る。名は学友会誌にして実は一種の大学紀要なり」という名文をもって、明確な編集方針、九州に新設された帝国大学建学の意気込みを学内外に示した。

学問の方では、明治42（1909）年、ブダペストで行なわれた第16回万国医学会宿題報告「喉頭及び気管狭窄の外科的処置」を分担。明治41（1908）年から43（1910）年にかけて最初の著書『鼻科学上巻』『中巻』『下巻』を出版。しかし、それらによる過労が積もり肋膜炎を発症、43年9月から翌3月まで佐賀県唐津の地で療養している。その間の文学的活動としては「福岡日日」「九州日日（熊本）」「九州日報（福岡）」などの地元新聞や、医学雑誌などに頼まれてエッセイなどを寄稿する程度に留まっている。

療養中、日本医学会の招待でイギリス喉頭科の大家・ゼモン夫妻が来日。猪之吉が長崎港まで出迎えた。4月、大阪市の公会堂で開催された日本医学会総会において、ゼモンが久邇宮殿下の御前で「喉頭癌の診断と治療」をドイツ語で講演、ここでは猪之吉が通訳をつとめている。

サー・フェリックス・ゼモン先生夫妻と。長崎にて（明治43年3月末）

明治44（1911）年4月、福岡の箱崎に工科大学が創立され、福岡医科大学は工科大学と合わせて総合大学となり九州帝国大学が誕生、京都帝国大学医科大学から離れ、九州帝国大学医科大学に編入・改称された。初代総長には白虎隊の生き残りである山川健次郎（前東京帝国大学総長）が就任した。ちなみに、猪之吉が東大助手時代に、当時の東大総長であった山川と業務上の会話をした記録があり、九州大学においても親密な会話がなされたと推測される。9月には東大医学部長・青山胤道が見学に訪れている。

明治45／大正元（1912）年2月、福岡医科大学創設に奮闘した前福岡医科大学長・大森治豊が逝去。これにあたり猪之吉が追悼文を書いている。7月1日、九州帝国大学医科大学の第1回卒業式が挙行され、一般市民に大学内を開放。その後提灯行列を行なって市内を行進し、大学関係者、福岡市民共に盛大に祝った。

2. 日本最初の気管支異物の摘出

九州帝国大学が誕生する少し前に、猪之吉は後世に語り継がれる偉業のひとつを達成している。日本で初めての、気管支直達鏡下異物摘出である。

京都帝国大学福岡医科大学耳鼻咽喉科が開講した明治40（1907）年、猪之吉は4人の医局員（小野、井利、勝治、栗飯原）をしたがえて、耳鼻咽喉科の診療を開始した。開始早々より患者は殺到し、外来診療は午後3時以前に終わることは稀だった。

同年7月、長崎県対馬より受診に訪れた患者の上顎洞手術において「上顎洞性後鼻腔鼻茸」を発見して新たな病名を命名。8月、医学博士号を授与された。

上京中、恩師の岡田（東京帝国大学耳鼻咽喉科教授）に依頼され、4歳男児の気管支異物（太鼓鋲）を摘出した。気管支内視鏡は当時の最先端医療であり、気管支鏡下異物摘出は日本最初の例だった。これにより猪之吉の名は知れ渡り、福岡医科大学附属医院（のち九州大学病院）には、さらに患者が遠路はるばる受診に訪れるようになる。猪之吉は、内視鏡（喉頭鏡、気管支鏡、食道鏡）技術普及のため論文を執筆。求めがあればそれに応じて九州をはじめ、大阪や関東方面への講演などを精力的に行なった。さらに明治42（1909）年には「大日本耳鼻咽喉科学会九州地方部会」を発会。講演と共に、開業医のために内視鏡（直達鏡）講習を行なった。

本書巻末には、平成25（2013）年5月付け『福耳会ニュース（136号）』へ寄稿した論文を掲載している。「久保猪之吉による日本最初の気管支鏡下・気管支異物摘出」と題し、より詳細に述べているので、そちらも併せて参照されたい。

3. 九州帝国大学耳鼻咽喉科教室の隆盛

猪之吉はフライブルグのキリアン教授の下で習得した鼻科手術（鼻中隔・副鼻腔）を改良し、発展させた。当時は栄養が十分でなかったため鼻・副鼻腔疾患が多く、重症化して手術を必要とする者が多かったこともあり、得意の咽喉頭・気管・食道の直達鏡検査・治療を盛んに行ない、猪之吉を頼って多くの患者が遠方から来院し、外来を埋めていた。

また、ウィーン大学でロベルト・バラニー耳科助手（のちノーベル賞受賞。ウプサラ大教授）やクライドル生理学教授と研究した温度眼振研究を発展させ「久保式回転イス（ゴニオメーター）」など内耳前庭の検査を開発、発見されて間もないメニエール病など、めまい疾患の治療に役立てた。

大正2（1913）年、猪之吉は日本代表として第17回万国医学会（ロンドン）に出席するため出張を命じられ、英国へ。ドイツ・ベルリン喉頭科学会通信会員となった。翌年1月に帰国。6月、知人の長塚節が3度目の入院。翌々年2月8日に死去。この年の9月6日、郷里福島にいる猪之吉の父・常保が死去と、不幸が続いた。

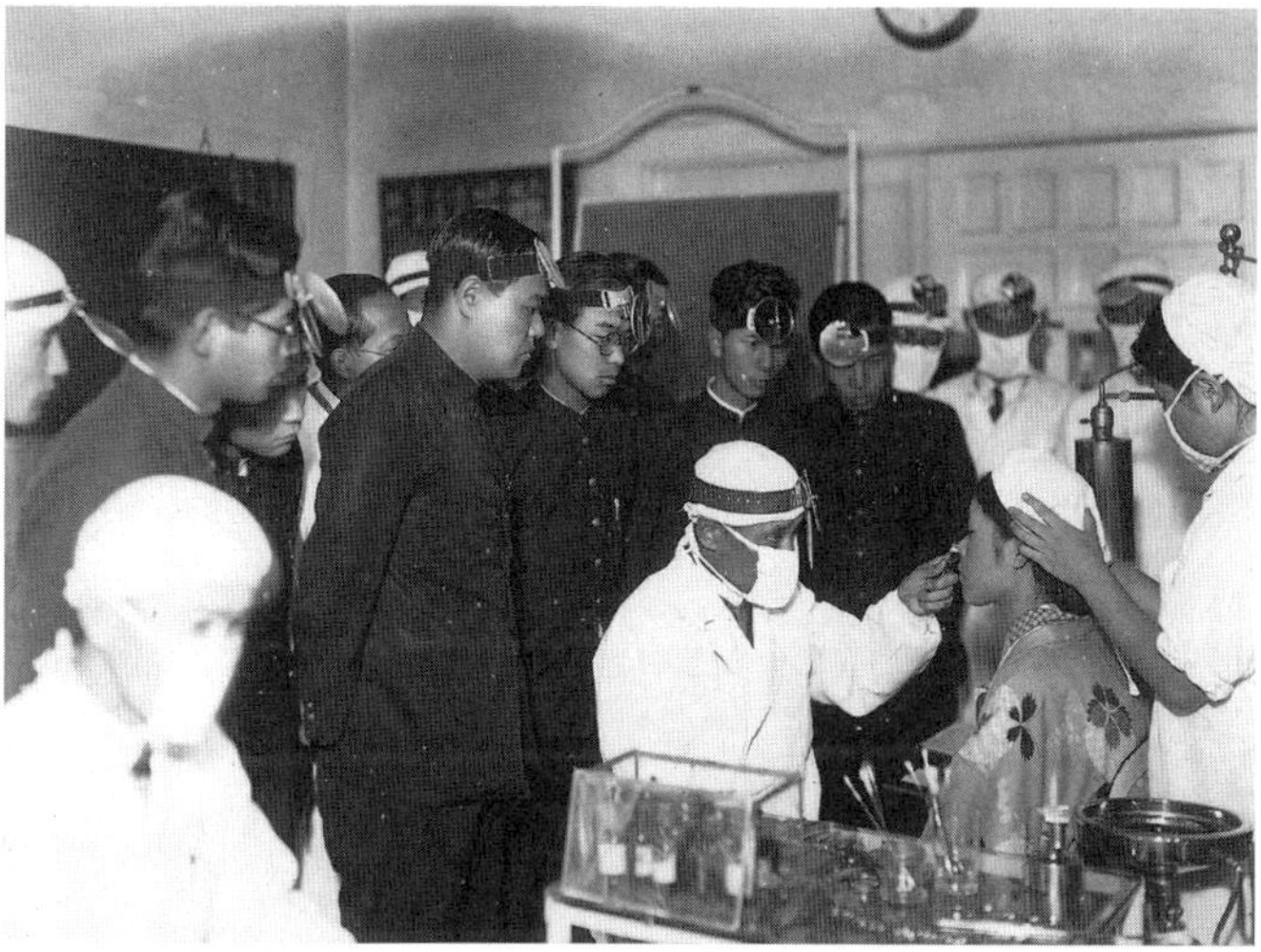

久保教授の耳鼻咽喉科外来患者診察（明治42年）学生臨床実習

大正5（1916）年、耳鼻咽喉科教室が全面的に新築された。木造ながら建坪も広く、大正ロマンの雰囲気を漂わせた瀟洒な造りで、これに付属して煉瓦造りで建てられたのが、他の建物から分離され、外界の音が遮断される工夫がされた日本初の無響室だ。ここで、より正確な聴力検査が行なわれることになる。これらの設備や器械は音声言語研究室（オトオージオン、オシログラフ）、食道鏡・気管支鏡検査のための直達室、めまい検査のための前庭検査室、機械製作室、レントゲン装置と並んでいずれも当時の先端を行くものだった。そのために、大学見学に来る人はこぞって「ぜひ耳鼻咽喉科教室を」と希望し、猪之吉もこれにはご満悦だったようだ。

大正6（1917）年、耳鼻咽喉科教室の創立10周年を迎え、猪之吉は英国王立医学会喉頭科部名誉通信員となった。その翌年、九州帝国大学耳鼻咽喉科としては初めての大日本耳鼻咽喉科学会総会を主催。猪之吉は大日本耳鼻咽喉科学会の名誉会頭に選出されていた（ほかに岡田和一郎、和辻春次、小此木信六郎、金杉英五郎、賀古鶴所）。

この頃から大学病院の見学が相次ぐようになる。フランス大使、台湾提督、清国公使、北京医科大学長、貴族院議長・徳川家達、文部大臣・岡田良平、札幌農科大学長、慶応医科大学長、東北帝国大学・和田教授、東京帝国大学・岡田教授など。かの北里柴三郎も見学に訪れている。

大正10（1921）年、猪之吉は九州帝国大学医学部病院長、帝国大学評議員に就任。翌年、附属病院へ皇后陛下の行啓があり、病院長として猪之吉が案内をした。

大正12（1923）年、九大耳鼻咽喉科教室同門会により「四三会誌」創刊。翌年6月から14（1925）年2月にかけて欧米視察。オーストリア喉頭学会通信会員となった。

昭和4（1929）年にはわが国初めての音声言語治療部を開設し、音声障害（鼻声、構音障害、嗄声）、吃音、聾唖の検査や治療を実施。また聴覚病理、嗅覚の研究、嗅覚検査の開発、口蓋裂形成・造鼻術、耳介形成術と矢継ぎ早に日本では誰もやっていない新しい分野を開発していった。

この頃の心境を書いたと思われる詩が残っている（『エニグマ』2巻2号より）。

ある時

此世ばかりじゃ短いな
いそがしい旅じゃもの。
ほんに後生があるならば
その又後生があるならば
どんな道でも往きませう
神でも仏でも信じませう。

教室員は40数名となり、耳鼻咽喉科としては世界一といわれる大教室になりながら、猪之吉のもと一糸乱れず邁進の状況で、多くの優秀な医師も育っていった。各地の拠点病院へ赴任したり、開業したりする者も増え、海外への留学者も相次ぐようになる。また同時に欧州（ドイツ・クライデヴォルフ博士）やアジア（フィリピン・アルベルト博士）からの留学もあり、国際的な雰囲気も醸し出される教室から、学びを終えた者たちはさらに広い世界を求めて、北海道・満州・台湾の医科大教授として赴任していった。

その中で、大正10（1921）年、敬愛する二人の恩師、グスタフ・キリアンと、サー・フェリックス・ゼモンが逝去したという悲しい知らせが相次いで届いた。前年に九州帝国大学耳鼻咽喉科でキリアン教授60歳の還暦祝賀会を催したばかりだったので、猪之吉の落胆は非常に大きいものであった。

4. 久保猪之吉の医学的業績の数々

1. 臨床的業績

本邦初　気管支鏡による小児気管支異物の摘出

食道異物・気管支異物摘出1200例（25年間）

気管・食道直達鏡検査の本邦普及・器械の開発
温度眼振によるバラニー仮説の証明
平衡機能研究、検査、器械（久保式ゴニオメーター）の開発
「上顎洞性後鼻孔ポリープ」の発見と証明
「術後性頬部のう胞」の発見と命名
嗅覚の研究と嗅覚検査
口蓋裂・鼻・耳形成術の開発
聴覚病理研究
日本最初の無響室の設置
音声言語治療室・研究室の設置

2．医学研究、論文、著書、雑誌発刊、編集

研究論文／和文530編、欧文42編
著書／ドイツの耳鼻咽喉科全書『デンケル・カーラー』にも論説を多数掲載
『鼻科学（上）』、『鼻科学（中）』、『鼻科学（下）』（明治41～43）

『臨床耳鼻咽喉科学』（昭和14）

編集／雑誌の編集は精魂傾けた得意の分野であり、落合直文の辞書『言葉の泉』編集助手が最初の仕事。目的・企画・斬新さ・調査・整理・整頓・分類・いずれも漏らさず正確。担当を決め実行し、根気と粘り、そして適当な息抜きで完遂。

『大日本耳鼻咽喉科雑誌』　編集・巻頭言（明35）
『福岡医科大学雑誌』　編集・創刊号巻頭言（明40）
『九大医報』　編集・創刊号巻頭言（昭2）
医学雑誌『耳鼻咽喉科』　創刊・創刊号巻頭言（昭3）
『日本耳鼻咽喉科學全書（全11巻）』　編集・発行（昭8～10）

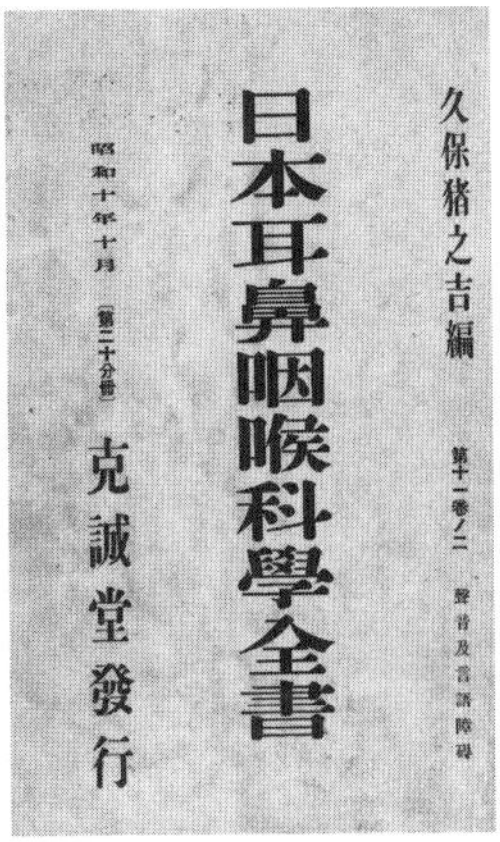

『日本耳鼻咽喉科學全書』

3．門下生330名超

日本全国および海外の教職者の増加。一時は台北、京城の海外を含む9つの帝国大学耳鼻咽喉科教授は九州帝国大学耳鼻咽喉科出身が占めた。

北海道帝大教授・香宗我部寿
九州帝大法医学教授・藤原教悦郎
千葉大学教授・久保護躬
大阪帝大教授・山川強四郎
東京女子医専教授・石原亮
北平医科大教授・孫柳渓
京城帝大教授・須古秀雄
東京女子医専教授・佐藤いくよ
広東中山大眼耳鼻教授・荘兆祥
九州大学教授・河田政一
九州医専教授・吉田治良

満州大学教授・松井太郎
長崎大学生理学教授・緒方大象
台北帝大教授・上村親一郎
東北帝大教授・立木豊
日本医科大教授・大藤敏三
北平大学医学院教授・戒紹龍
北海道帝大教授・猿渡二郎
広東大学教授・蘇柄鱗
九州帝大教授・笹木実
九州医専教授・窪田主一
九州医専教授・長尾四郎

4．日本医史学会創立会員・評議員

著書／耳鼻咽喉科史料展覧会目録及び解説、旧跡保存と益軒文庫、史談日本医家古籍考のハシガキ、大槻俊斎の書簡、嵐山甫庵の外科免状附記、医家伝記多数。鼻咽喉科医としての片倉元周。

5．『医学中央雑誌（医中誌）』発刊の援助

尼子四郎による明治36年『医中誌』創刊を援助した。

同誌はその後、医学（研究）を志す者は、必ず目を通す貴重な雑誌となった。

6．ヘボン式ローマ字普及

第4章

「世界のイノ・クボ」猪之吉、欧米での活躍

1．第17回万国医学会（ロンドン）出席

大正2（1913）年8月、文部省から医科大学長・後藤元之助を経出して、ロンドンで開かれる第17回万国医学会に日本代表として出席してほしいという依頼が舞い込んだ。他の代表はアドレナリンの発見者・高峰譲吉と、岡山医学専門学校教授・桂田富士郎の2名だった。現地への行程には、開通して間もないシベリア鉄道が選ばれた。敦賀から海路で北上しウラジオストク、船を降りて鉄路ハルビン、モスクワ、サンクトペテルブルク。そこからさらにベルリン、フランスを経てドーバー海峡を渡り、ロンドン入り。空路のない当時は、到着までにおおよそ2週間を超す日程だった。

ロンドンでは、まず政府主催の大晩餐会がセシルホテルで開かれ、各国の学者間で交流。学術学会はロイヤルアルバートホールを会場に、1週間の日程で専門別に様々な講演や展示、実演が行なわれた。猪之吉はここで「孤立性後鼻孔ポリープの研究」及び「器械供覧」の講演をしている。

耳科ではアメリカ、イギリス、ドイツ、オーストリアなどの病理標本・模型・器械の展

示があり、鼻喉科では鼻腔・副鼻腔腫瘍や病理標本が並んでいた。その合間には、地元英国の咽喉科の大家であるゼモン教授、またベルリン大学耳鼻咽喉科教授になっていた恩師キリアン教授などの主催で、小規模の夕食会や昼食会が開かれた。留学中の知己との再会もかない、猪之吉はこんな歌を詠んでいる。

「十年の昔の友は髪落ちて　尊き学者の相を得たまふ」

過密なスケジュールの合間にも猪之吉はウインザー城やオックスフォード大学を見学し、イギリス以外にはなかった新設の医学史博物館の見学なども怠らなかった。これが後年、九大病院構内に建設された日本初の医学史博物館といわれる「久保記念館」発想の元となっている。帰国したのは大正３（１９１４）年1月8日のことだった。

2. 欧米医学事情視察

大正13（１９２４）年6月から14（１９２５）年2月、今回も文部省から「欧米各国に出張を命ず」の辞令が出た。前回の訪欧での語学能力の高さと、万国医学会の報告書の完成度が認められての選考だ。出張の目的は、欧米の主要都市の医科大学や病院、研究所を訪問して日本の研究や臨床発展に寄与するというもの。訪問先と経路は猪之吉に一任された。

「出発に臨みて

久保猪之吉

予は大正13年6月17日を以て横浜港より故国の地を離れ第3回の海外旅行の途に上らむとす。今より半年諸君と会ひ見ざるべし。余は去るに臨み心中毫も不安を感ぜず。30歳未満にして初めて渡欧したる昔の活気に立ち帰り、諸君と再び相見る日に収穫の多からむことを望むのみ。これ諸君は責任を以て予の不在を守らるることを信ずればなり。医員、看護婦、その他の職員に至るまで必ず責任感を以て自己の職務を果たされることを思へばなり。また諸君は予の諸君に期待する所を知ると信ずるが故なり。

予の不在なるが故諸君の研究は滞らざるべし、又予の不在なるが故に患者の教室に対する信用は減ぜざるべし、又予の不在なるが故に秩序は乱れざるべし、はた又予の不在なるが故に職務を怠らざるべし。唯諸君は健康を保持して教室の為、国家の為、人類の最善を盡し、帰朝の日、予の期待を裏切らざるに務めよ」

猪之吉は、近年医学の進歩が著しい北米大陸を先に回ることにした。横浜港よりプレジデント・ジャクソン号に乗船して、太平洋を越えバンクーバーに渡り、シアトルを経由して大陸を横断し、インシュリンの発見で有名なトロントの地に到着。日曜日のため大学は休みだったのでオンタリオ湖を渡りナイアガラを見物。翌日、インシュリン研究室を見学した後、そのまま南下してニューヨークに向かった。気管支鏡の大家シュバリエ・ジャクソン教授の招待を受け、フィラデルフィアの彼の気管食道科クリニックも視察。これは猪之吉にとって興味深い内容だった。ニューヨークを見物して港から英豪華客船・ホメリック号に乗り、次はヨーロッパへ。ロンドンではテムズ川の見えるセシルホテルに落ち着いた。ニューヨークと違い、静かな環境だったようだ。

ジャクソン号

大正2（1931）年に訪英した際、ロンドン万国医学会で親しく接待を受けた耳鼻科医のゼモンは、3年前すでに死去していた。ロンドンからは北欧都市の視察へと舵を切り、オスロ、ベルゲン、ストックホルム、ウプサラなどを歴訪。ノーベル賞を受賞したバラニーはウプサラ大学の教授になっていた。しかしあいにくバラニーは旅行中で、旅行先に来るよう伝言があったものの時間がなかったため面会を断念。恩師・キリアン教授の墓を参り、また留学時ツワルデマーケル教授に世話になったオランダのユトレヒト、ライデン、ハーグを巡り再びロンドンに戻った。

スコットランドの大学および病院を視察してロンドンに戻り、ピカデリーサーカスに出ると、偶然にも留学中の斎藤茂吉夫妻に出会った。どちらも間もなくパリに向かう予定だったので、再会を約束。ドーバー海峡を渡り、パリの大学医学部耳鼻咽喉科のルメートル教授を訪問、フランス耳鼻咽喉科学会にも出席した。パリでの茂吉との邂逅はオテル・グラン。輝子夫人も加わり、様々な話題で会話が弾んだようだ。

茂吉の「久保猪之吉教授パリを立つ」は次のような歌だ。

「首都倫敦首都巴里いくたびか　み会ひまつりて今日ぞわかるる」

猪之吉は西南ドイツ耳鼻科総会出席のため、慌ただしくフランクフルト・アム・マインに向かった。フランクフルト耳鼻科学会の会長・フォスは猪之吉と旧知の仲。総会では猪之吉が開発した器械を供覧し大きな反響を呼ぶ。また、ここではベルリン大学留学中の弟・護躬と門弟の百合野寅松を同行したこともあり、大歓迎を受けた。フランクフルトはゲーテの誕生地で、チュービンゲン大学に留学し耳科の助手をつとめていた叔父・信六郎は大のゲーテ研究者として知られていた。猪之吉は学会が終わると、ゲーテが文豪そして宰相として活躍したワイマールを見学し、ベルリン・プラハ（カレル大学）から秋の盛りのウィーンを訪問。かつて留学していたウィーン大学には、妹・キクの夫で門弟の掛下玉男が留学中だった。義弟でもあり弟子でもある玉男との久し振りの再会も束の間、これからベネチア、ミラノを巡って教会や美術館を見学し、鉄路リヨンを経てパリに戻り、シェルブール港から再びアメリカに向かうという日程がある。

横浜港にて（大正 14 年）

アメリカでは、新しい制度と理念で開校されたボルチモアのジョンズ・ホプキンズ大学を訪問した。ここでは女児の耳異物（偽真珠）を摘出。病院は大きいものの、古さと汚さが目立った。また、この国はジャクソンの直達鏡を除いて他に収穫すべきものが見当たらないのが残念なところだった。帰途はサンフランシスコから日本郵船の大洋丸に乗船し、横浜埠頭へ。全行程8ヶ月に及ぶ長旅だった。横浜埠頭には福岡からより江、弟・護躬、妹・キク、医局を代表して上京した山川強四郎、江浦重成、立木豊ら10名ほどが待ち構えていた。東京在住の多数の同門会員（四三会）も加わり、東京ステーションホテルで盛大な帰国歓迎会が行なわれた。

3. 第1回万国耳鼻咽喉科学会（コペンハーゲン）出席

昭和3（1928）年5月、4回目の洋行も突然やって来た。デンマークのコペンハーゲンで第1回万国耳鼻咽喉科学会が開催されることになったのだ。九州帝国大学総長・医学部長を通じて、文部省から当然の如く日本代表としての出席要請が届いた。猪之吉は月刊誌『耳鼻咽喉科』の編集や医師講習会の準備を控えている身で、多忙を極めていた。そこで思い出されるのが、前回の欧米視察旅行だ。公務とはいえ8ヶ月間もの長期にわたって患者や教室員に負担をかけたうえ、過密な日程で疲労が蓄積していたのか、帰国後の大

第１回万国耳鼻咽喉科学会役員（ほぼ中央の前列左から５人目）

正14（１９２５）年5月、上京中に車内で高熱を発し、東京帝国大学病院・稲田内科に運ばれ、３ケ月の入院を余儀なくされたのだった。

しかし、第1回目の万国学会でもあり、今や世界の耳鼻咽喉科の重鎮となっている猪之吉にとっては、日本や世界の耳鼻咽喉科の将来のためにも出席するべきものであった。今回の旅程は、門司港から白山丸に乗船してスエズ経由で地中海をめざすというもの。地元・福岡からの出発となり、博多駅での見送り人は５００名を超し、また門司港にも大勢の見送りの人々が詰めかけたという。

猪之吉は、この旅で中国にも初めて上

陸している。上海で待ち構える四三会（同門会）の弟子たちと歓談し、東亜同文書院を見学。シンガポール、アデン、紅海、スエズと25年前の留学と同じ行路をたどったが、今回はヴェスヴィオ山の噴煙が天に届くように見える景色の中、ナポリに寄港。7月2日、白山丸はマルセイユ港に到着した。さらにスウェーデン、ドイツを経て7月12日、コペンハーゲンに入った。コペンハーゲンは小さな都市のため、よくも国際学会が開けたものだと思われるがさにあらず、人口75万、デンマーク人口の1／5が集中する都会で、当時にしてみれば博多など比較にならない大都市だった。

花輪を捧げる

到着後、猪之吉はアデノイドの発見者ウイルヘルム・マイヤーの銅像に日本を代表して花輪を捧げた。学会は7月30日から3日間の日程。第1回万国耳鼻咽喉科学会、という名称には異論があるかもしれないが、兎にも角にも、耳科と鼻咽喉科が合同しての、記念すべき第1回の開催となった。参加国と人数は、ドイツ53、デンマーク41、イタリア37、

第１回万国耳鼻咽喉科学会役員会パーティー（前列左から２名目）

アメリカ34、フランス32、イギリス29、ポーランド28、ロシア27、スペイン25、オーストリア24（20以下は省略）。欧米が大部分を占め、日本からは久保の他に山川強四郎、村田鷹一、山中巖が赴いている。

猪之吉は学会で「造影剤使用による上顎洞レントゲン所見」「久保式耳翼固定器供覧」の２題を発表。役員会議、晩餐会では最前列中央の座を与えられ、重鎮として遇された唯一の東洋人だった。

学会が終わると門弟の山川、村田らとハンブルクのハーゲンベック動物園を見物、ヨーロッパの夏独特の猛暑の中を、マールブルク、ケルンとまわり、ツワルデマーケル夫妻とアムステルダム博物館に用があってユトレヒトへ。その後ロッテルダムでライデン大学を見学し、船でロンドンに向かった。ゼモン未亡人を病院に見舞い、万国医学会の時に見学した医学史博物館を再訪。ここで猪之吉は、展示物の種類が以前よりも増え、内容も充実していることに驚かされた。日本のお守りをたくさん蒐集していたそうだ。

ロンドンでは以下のような歌を詠んでいる。

「老いたりとわれを思ふや十年経て　おもかげうつすテイムスの水」

欧州歴訪の中で、帰国の日が近づいてきた。第2の旅程に入るため猪之吉はパリに向かい、大使館の知人を訪ね、ルーブル美術館にも足を運び、そこでは往路の白山丸船中で出会った、医師をやめて画家になったという鈴木良三に会った。彼はのち猪之吉の退官後、肖像画を描くことになるのだが、この時はそれを知る由もなく、展示室で名画の模写に集中していた。

ストラスブール、カールスルーエでフライブルグ大学時代の友人を訪問、ミュンヘンでは知人の教授が不在だったので美術館を訪れ、夜にはオペラ鑑賞。エナを経て、ワイマールでゲーテ山荘・博物館を見学。元九州帝国大学耳鼻咽喉科の留学生だったアルベルト母子とも面会をした。

7月17日、ハルレから汽車でライプチヒへ。ライプチヒ大学耳鼻科のランゲ教授は手術中だったが、30分程待つと1人の医者が出てきて「どこか特に見学したい希望があるか」と問われた。猪之吉が「見られるところは全て見たい」と答えると、医者は自分の研究室に案内してくれた。顕微鏡と標本棚が並ぶ室内で「あなたがプロフェソール・ランゲか?」と問うと、「そうだ」という返答。ランゲ教授は耳元で「前にここに来たことがあるのか? クボというのは、かの有名なクボの令息か」「有名なクボとは誰だ」「イノ・クボという」「自分がイノ・クボだ」「あのイノ・クボはもっと年をとっていなければならない。失礼だが年は幾つか」「53歳だ」「自分もそのくらいだが……貴方があのイノ・クボでしたか」と態度が一変し、それからは非常に親切にX線室や手術室などを案内してくれた。さらに他の教授や助手にも紹介され、聾唖学校にも電話してくれたそうだ。猪之吉は20数年前にもここを訪問していたが、それから3代にわたって教授が替わったのだった。

施設の地下には言語治療部があり、聴力検査機械や補聴器もあった。主任助手のランゲンベック(有名なランゲンベックの甥)は器械と電気を勉強し、ウィーンで声音学を学んでいる時、イノ・クボを見知ったということだった。猪之吉は彼の未来を祝福した。その

エジプトにて（一番右：久保猪之吉）

後、猪之吉はベルリンからウィーンに移動し、かつて留学した折の恩師でもあるハエック・クライドル教授に招かれて共に会食。教授は猪之吉を外まで見送ってくれた。

9月18日、ブダペスト大学耳鼻科を見学。ここは古く、雑然としていたようだ。宿はドナウ川の前で、川を隔てて堂々たる王城が見えた。その頃、王の身は虜となってスペインにあった。その城を前に猪之吉が詠んだ句がある。

「名月や城の主は何時帰る」

ベオグラードの宿は不潔で、水も出ず、蚤に刺され寝不足に悩まされた。そんな中、猪之吉は蝶の採取に出たりもしている。そこを発った後はブルガリアを経て、トルコのコンスタンティノープルへ。在住の日本人の知りあいに案内され、地下貯水池や博物館などを見学。夜にボスポラス海峡を渡り、満月の月を見て一句詠んでいる。

「明月や右舷の人をよびにやる」

船はナポリへ到着。ポンペイ・ヴェスヴィオ山のふもとで蝶の採取を楽しみ、10月5日にローマにて一句。

「朝寒や羅馬の鐘を聴いて立つ」

バチカン、コロッセウムを見てマルセイユより香取丸に乗船、さらにエジプトに渡ってピラミッドとスフィンクスを見学。

「ピラミッド焼石に腰をすゑにけり」

「寒雲の影大なり揚子江」

猪之吉を乗せた香取丸は11月19日、神戸港に接岸、無事に帰国した。

4．国際学会の役員・叙勲

明治40（1907）年
Semons Internationale　Zentralblatt fur Laryngologie　共同編集者
Internationale　Zentralblatt fur Ohrenheilkude　共同編集者
大正3（1914）年　ドイツ国ベルリン喉頭科学会通信会員
大正6（1917）年　英国王立医学会喉頭科部名誉通信会員
大正14（1925）年　オーストリア国ウィーン喉頭科学会通信会員
昭和3（1928）年　ドイツ・レオポルデナ学士院会員
　　　　　　　　　ハンガリー耳喉学会名誉会員
昭和9（1934）年　フランス政府・レジオン・ド・ヌール勲章
（※世界における猪之吉に対する客観的な記事は、巻末付録の「九大風雪記」を参照）

5. 旅の達人

世界各国を旅した猪之吉は、その道程をできるだけ収穫の多いものにし、かつ快適に楽しむために、様々な努力や工夫、注意をしていた。

＊語学が堪能。ドイツ語・英語・フランス語・スペイン語が流暢で、旅の道程でもできるだけ外国人と話す目的で、特に船中では相席を希望
＊旅先には紹介状持参。事前のアポイント。外出時は名刺・メモを残す
＊旅行計画は事前に綿密に行なう
＊食事に気を付ける
＊列車・船の重い荷物はポーターに託す
＊旅のメモを忘れない。旅先からこまめにハガキを書く
＊ホテル・船は一流を選ぶ。船室・汽車では一等を選ぶ
＊経費メモを取っておく。外国の銀行に精通

＊名所・美術館・博物館・観劇・音楽会はできるだけ訪問。好奇心を持って鑑賞する

6. 外国旅行で得られたもの

学者としての海外での知名度や学問の深みはもちろんのこと、鋭い観察眼に基づいた広い視野、社会観念は日本社会への提言へとかたちを変え、新聞や雑誌での多くの寄稿文となって世間一般に知らされた。

実利的には最新の機械の導入や開発に役立ち、門弟の外国誌への掲載、多数の留学生の派遣となって業績の向上に結び付き、教室に隆盛をもたらした。

通常、教授の長期間にわたる度々の不在はお互いに一抹の不安を伴うものだが、猪之吉が旅先から送った多数のハガキ（短信）と雑誌に寄稿されるエッセイ、また教室員から伝えられる大使館気付の近況報告（人事や各地から送られてきた食道・気管支異物患者を上手く摘出した詳細など）で、互いの期待感と信頼感は深まっていたようだ。

第5章　教室創立20周年と久保記念館

1．創立20周年の大きな果実

昭和２（１９２７）年、九州帝国大学耳鼻咽喉科教室は創立20周年を迎えた。５月20日、午前10時より教室内講堂において、教室創立20周年記念式および久保教授開講20周年記念祝賀会が挙行され、合わせて記念建築物「久保記念館」の贈呈も実施。さらに耳鼻咽喉科教室20年史を発行し、西中洲の福岡県公会堂貴賓館で祝賀会が開催された。

ここに、耳鼻咽喉科教室20年史掲載のテンポの良い名文を紹介しておきたい。やや難解な漢字も多いが、創立以来の猪之吉の意気込み、教室員と共に築き上げた業績に対する自負、そして将来の教室員に対する期待と激励が溢れた、魅力ある文章だ。

「創立20周年の大きな果実

教室二十年史に序す

香川景樹の歌に『猫の児も鼠とる迄なりにけり　いかに暮らしし月日なるらむ』とあり。明治40年２月19日、新たに耳鼻咽喉科教室を当大学に開設してより今や20年を経過したり。生児も20歳となるべき此の二昔の間に何を為したやと冥想すれば、心中慚愧堪えざる者あり。されど昔最澄、空海が入唐留学を終えて帰朝し、一山一宗を開きたるそこの努力と成績とは挙げ得たりとの自尊心無きにしも非ず。自ら吾教室の事を挙ぐるは潔しとせざる所なれども、今教室員が一致協力して編集したる20年史を仔細に点検すれば、20年間酔生の夢を貪りし跡なきを信ず。

見よ気道及び食道の直達鏡検査法は実に吾教室より全国的に拡がりしにあらずや副鼻腔の各種診断治療法並びに局所麻酔の応用、前庭三半規管に関する実験的研究及び臨床上の応用聴器の病理学的研究、副鼻腔より出発する鼻茸に関する新知見、殊に上顎洞性後鼻孔茸に関する研究、嗅覚に関する研究、軟口蓋破裂の手術法、造鼻法、造耳法等すでに世界の文籍、成書入りたるもの多数なり。また新案器械類においては自製軟口蓋鈎、自製開口器をはじめとして各種の異物抽出器に至る迄考案提供したるもの枚挙に暇あらず、しかもこれらの器械は外国の器械目録または図書に採録せられたるもの少なからず。

また吾教室は従来小科として取扱はれたる専門科を内科、外科と対等な位置に向上せしむることに努力してその目的を達したり。また吾教室は吾専門科を国際的ならしめることに努力し或いは外国の雑誌に或いは外国の学会に寄与する所があり、日本の一角に耳鼻科の健存することを立証したりと信ず。されど吾人の努力は未だ劃世的の何物をも捉へ得ざらしを恨む。旧師キリアン先生が南独逸フライブルグの小都にありて僅か数人の助手と2

～3人の看護婦を擁して劃世的の仕事を残されしに想ひ至れば、冷や汗背をながるるを覚ゆ。昔僧日蓮は破衣をかつぎて佐渡、塚原の三昧堂に獅子吼せしが、その偉業今に存す。近時当時紫衣を纏ひて高座に座せし（身分の高い）売僧等のいかで想像せし所ならむや。近時の学徒、徒らに設備の完全を求め、学舎の宏美を好む風あり、わが同僚願わくは記せよ、偉人は大廈高楼（高層ビル）に出づるものにあらず、却って破れたる研究室の汗と血とより生ずることを。今や教室出身者海内にあまねくの春秋に富む、教室内には明眸皓歯、青雲の学弟に乏しからず、願わくは教室20年の努力に鑑み、自重自彊、一致協同、一大飛躍を試みよ。これ教室今後の歴史を飾るべき諸君の責務なり。

昭和2年4月18日福岡において

教授　医学博士　　久保猪之吉」

2．日本最初の医学博物館・久保記念館

猪之吉は、久保記念館について次のように記している。

久保記念館（九州大学病院敷地内）

「昭和2年第20年記念式の記念に門弟諸君が自分に何か寄贈したいといふので自分はそれなら不燃不朽の倉庫が欲しい。20年苦心して集めた教室の記録や貴重な品を収めておきたいからといふので、出来上がって大学に寄付したのが久保記念館である。耳鼻咽喉科に関係した博物館の基礎たることを企図したものである。その後内外の名家が没せられる毎にその遺品を寄贈せられ内容が豊富になり、今や世界的に誇るべきものとなった」

次いで久保記念館目録「序」において収蔵品、そのエピソードを書いている。長文だが、当時の猪之吉の心境を汲み、以下掲載する。

「この記念館は門弟諸君が吾々の教室20年を記念せらるる為に寄贈せられたものである―（中略）―当時教室長年の記録や標本を保存することが最急務と感じてゐた自分は次の様な意味のことを述べた。

今日堅牢なる耐震耐火的建築物を完成し久保記念館の名を以て予に贈らる。大いに予の意を得たるを以て喜んでこれを受納し直ちに本学に寄付の手続きを了し総長より感謝の辞を得たり。今より教室多年の努力によりて蒐集したる記録、標本、図書を安全に保存し得べし。是等の中には日本に於けるレコードは勿論世界に於けるレコードを有するを以て保存し往くことは吾等及び後継者の責任なり。願はくは門弟諸子よ記念館の基礎を益々固くし深くし将来之を吾耳鼻科のＭｅｃｃａたらしめよ。

久保記念館内部（カラーグラビア有）

この日、記念館内に耳鼻咽喉科資料展覧会を開いて公開した。是は吾邦に於けるこの種展覧会の始である。第1部・図書及び図譜類、第2部・専門家の肖像類および遺品、第3部・標本類、第4部・機械類、第5部・雑の5門に分かった。その後、内外諸学者の逝去

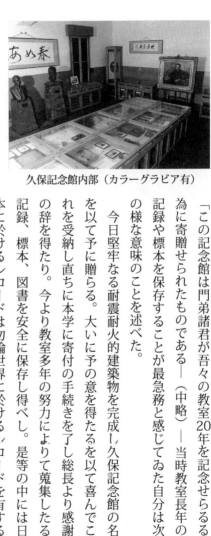

された場合、その遺族または近親から寄贈を受けたもの例へば大沢謙二、小此木信六郎、吉井丑三郎、賀古鶴所、岩田一など諸学者の遺品、外国からはProf.Zwaardemaker、Prof.Kummel、Prof.Finderraなど世界的学者の遺品を始めとして、篤志家の寄贈にかかる貴重な史料、教室の蒐集した材料等が漸次充実してきた。其の他教室が28年間に実験蒐集した数多き標本、書き留めた記録類、購入した稀覯書類は夥しい。中にも食道及び気道から摘出した異物標本の種類及び数は米国のジャクソン教室を措いて他に比を見ぬであらう。予の命名した上顎洞性後鼻孔茸、蝶形洞性後鼻孔茸の標本の蒐集は他に類例を見ない。記録類では28年間の入院患者日誌及びその索引、外来患者日誌及びその索引、直達検査簿、教室史等々が整然として保存せられて居る。以来一教室の年を経て古くなって苔が生えたといふ意味でなく記念物の保存、経験の記録、教室の歴史が保存されてゐる点にある。広壮な建物は短時日に出来上がるが貴重な内容は辛苦の年を積み、そして努力の足跡を残さなければできない仕事である。

ゼモン先生（Sir Felix Semon）が日本に来遊せられた時に鎌倉のある薬店に毒滅の薬の看板大きいのが掛けてあったのを見て、これはおれの伯父さんの顔だからぜひ欲しいと無理に所望して持ち帰られたといふ話は当時新聞紙にも載って居った。毒滅の看板にはビスマルクの巨頭が出て居ることは誰もが知る所である。しかるにその後自分は英京ロンドンの万国医学会に出席した時ウエルカム医学博物館を一覧したら例の毒滅の看板が『広告の方法』の部屋に掛かって居った。黒漆の立派な大きな看板。なるほど先生の目的はここにあったのだなと自分は深い感銘を受けた。ちょっとした旅行にも心をかけて一物一片と言はず博物館を充実させることにしたならば将来立派な博物館が完成するようになることは火を見るよりも明らかである。

今の教育は伝統を軽視し感化を阻害する弊がある。いくら頭脳が良くても、物知りでも人間として真摯なる所、偉大なる所がなければ国家の為なることは甚だ少ない。古人苦心の跡を見て奮激し故人の遺品に対して感銘するといふことは現代教育の欠点を補ふに最も必要なことと思ふ。

吾らの記念館は今こそたとひ小さくとも一種の使命をもっておる源泉である。これをより力強くし、より大きくし、より善いものにするのは後継者諸君の心掛けひとつである。自分は基礎を築いただけであるが教室を去る日の近きに臨み献呈式における自分の希望が実現されることを望んでやまない。

昭和9年 新嘗祭　福岡市大名町にて　久保猪之吉」

久保記念館には、多数の所蔵品と共に、清国四川省の蔡鍔将軍のデスマスクと遺品が収蔵されている。蔡鍔将軍は清末の軍人で、日本の陸軍士官学校を卒業して辛亥革命に参加し雲南省を掌握。袁世凱が帝政を布くに及んで護国軍を組織し、袁世凱軍を破り帝政を取り消した。しかし四川将軍兼省長になった直後、喉頭結核を発症。その治療のため日本に渡り、大正５（１９１６）年９月13日に九州帝国大学医科大学附属医院に入院。耳鼻咽喉科にて治療を受けたが、同年11月18日、死去した。享年35。故国では若き英雄の死を悼み、生地の中華民国湖南省岳麓山で国葬が執り行なわれた。デスマスクはこの時に寄贈されたものである。

久保記念館の瀟洒な入り口

第6章　文学への回帰

1．歌人・長塚節、猪之吉を訊ねて九大病院へ

明治45／大正元（1912）年4月24日、アララギ派の歌人・長塚節が夏目漱石の紹介で九州大学病院（以下、九大病院）の耳鼻咽喉科を受診するために訪れた。猪之吉への紹介状は、その1ヶ月以上前の3月17日に発信されていた。

長塚節は茨城県の豪農（地主）の長男として生まれ、水戸中学に首席で入学するも4年で退学。一説に神経衰弱ともいわれており、郷里で療養生活を送っていた。そんな中、正岡子規の「歌詠みに与ふる書」に共感し、根岸短歌会に入門。その後アララギ派（伊藤左千夫、斎藤茂吉、島木赤彦ら）の同人となり多くの歌作をした。

長塚は当時、朝日新聞に在籍していた漱石のつてで朝日新聞に掲載した農民文学「土」により、小説家としても名を馳せる。勤勉で上品、かつ穏やかな性格で、政治家となって家計を顧みなくなった父親を支えて農業経営にも熱心に取り組んでいた。その一方、「余は旅行が好きなり」と公言するほどの旅行好きで、陣笠に手甲脚絆、袋を肩に下げてゴザを背負うといった独特の旅装で全国各地を旅した。

その長塚が猪之吉のもとを訪れるきっかけとなったのは、明治44（1911）年頃より喉の痛みが続いたことに端を発する。地元の耳鼻咽喉科医の診察を受けたところ、喉頭結核と診断され、余命1年の宣告を受けた。翌年2月、痛みが治まらない長塚は東京の名医といわれる東京帝国大学耳鼻咽喉科教授・岡田和一郎や小此木信六郎のもとを次々に訪れて治療を受け、さらに岡田が学外に経営する根岸養生院に入院して手術を受けたが、病状は軽快しないままだった。そんな中、親戚から喉頭結核の権威である猪之吉の名前を知らされ受診を決意。知人の漱石に一筆、紹介状を依頼した。それは文語調の丁重なものだが、長文のため、以下に口語文で概略を記す。

長塚節　旅姿

「小生（漱石）の知人に長塚節という歌人があり、故子規の根岸短歌会で研究し、その後小説に趣味を持ち東京朝日に『土』という長編小説を掲載しました。彼は不幸にして喉頭結核を患い岡田博士の治療を受け退院しましたが、

此の度思い立ち九州地方を漫遊しながら是非、先生の所で診察を受けたいと希望していま
す。小生の親しい知人であり大変気の毒に思い先生に失礼と存じながら思い切って紹介状
を書きました。何卒事情をご諒察の上、長塚氏が御地に参りましたら診察の上、相当の注
意を頂ければ有難く思います」

3月19日、東京を出発した長塚は各地に寄り道しながら西へ向かった。途中、京都では不安からか、つてを頼って京都帝国大学耳鼻咽喉科の和辻春次教授に診察を願い、そこでまた手術をすることになる。岡田と和辻の手術は間接喉頭鏡下の湾曲した鉗子による広範囲の切除だったようで、時間もかかり入院も長引いた。

その後、長塚は広島・岩国に寄り道したのち4月22日、博多に到着。4月24日、九大病院を受診し猪之吉の診察を受けた。診察の結果は咽喉頭の局所は荒れて周囲は発赤また瘢痕化していない状況（手術の傷が落ちついていない）だったので経過をみて、後日精密検査をして治療方針を決めることになった。

長塚はその間、以前から予定していた九州旅行を希望。長塚が福岡に戻った後、精密検査をして手術処置の可能性があることを示唆しつつ、猪之吉は旅行を許可した。喜んだ長塚はすぐに汽車で鹿児島に向かい、温泉巡りや開聞岳に登るなどして旅を満喫。熊本の天

九大病院構内、千代の松原（利久釜掛の松周辺）

草から船で長崎・佐賀へ渡り、そこから福岡の太宰府に向かった。太宰府では都府楼跡から観世音寺をまわり国宝級の仏像の素晴らしさと数の多さに感動。この行程の様子や感想を親族や友人たちに絵葉書や手紙でマメに送っている。

小布施家に養子にいった弟・順次郎からも旅費の送金が福岡の知人宅に届いていた。5月8日、長塚は福岡に戻ると早速、3日間にわたって猪之吉の診察を受けた。結果、かなりの部分は瘢痕治癒しており、残った部位を電気焼灼することになった。

長塚は入院中に歌作をしている。鹿児島から天草をまわる4日間の旅を経て博多に着き、11日の朝、九大病院がある千代の松原を歩いたことを「夏帽の堅きが鍔《つば》に落ちふれて　松葉は散りぬこのしづけさに」と詠んだ。また、23日には猪之吉の妹より一茎の桔梗を贈られたが、枕のほとりにそれがあるとわずかながら自分が生きかえったようだと感じたようで、これは「ささやけきかぞの白紙爪折りて　桔梗の花は包まれにけり」と詠んでいる。長塚の有名な旅姿の陣笠は、よほど堅かったのであろう。慌ただしい旅から松葉散る静かな病院構内に着いた安堵感、そして、猪之吉の妹が届けてくれた桔梗の花で、疲れた心身が癒されるような安息感が二首の歌によく表れている。

長塚の手術は、入院の必要がないものだったので、外来で数日から数週の間隔をとりながら6月末頃まで行なわれた。その間も彼は福岡市内、近郷の名所、志賀島、糸島などを訪問。仏像と梵鐘が気に入ったようで、観世音寺や朝倉、近郷の古跡などを旅し、また、壱岐と対馬にも渡っている。

長塚に猪之吉が施したのは「懸垂頭位による喉頭直達鏡下喉頭電気焼灼術」だった。フライブルグのキリアン教授が発明し、猪之吉が留学中に習得、帰国後も手技精度を上げ、改良を重ねたものだ。当時の国内では猪之吉しかできない治療で、この手技は器械の改良・近代化を加えながら現在でも世界中で広く行なわれている。

7月になると長塚の症状は軽快したものの、やはり完治は難しいと本人も理解し、猪之吉に相談して帰郷の途に就いた。ところが帰宅の道程も一直線にはならず、大分の中津から、耶馬溪、別府を経由して四国の松山に渡り、船で瀬戸内海を遊覧しつつ高松、岡山を見てまわっている。そこからも和歌山の高野山、京都を経由し、故郷の茨城に着いたのは9月も半ば。とても病気を自覚しているとは思えない大旅行だった。

帰郷した長塚は、体調も落ち着いていたため家業の農作業に戻り、また東京に出た。茂吉や島木赤彦らアララギ派同人たちとの交流も復活したが、咽喉の症状が気になる時は岡田、岡田（根岸）、神尾ら東京の医師たちの診療を受けていた（当時の大学教授の中には、少し離れた所に個人病院を持つものもあった）。

大正2（1913）年3月、猪之吉のもとを訪問するために、長塚は2度目の来福をする。診断の結果は「喉頭結核、栄養良好、嚥下障害の訴えはあるが声帯蒼白、嗄声なし、瘢痕性膨隆あり、結核菌陰性、悪化の傾向なし、硝酸銀焼灼治療」というものだった。これで長塚は狂喜し、早速、古寺・仏像めぐりに出かけた。それからは数日毎に再来し検査を受けたが、いずれも経過良好と診断され、帰郷することになった。

出発の前日、長塚は猪之吉宅を挨拶のために訪問。猪之吉は京都の学会に出発した後だったので、より江夫人と同居の妹を相手に快活に旅や文学、京都の舞妓についてなど、様々な話題を長い時間にわたって談笑した。病状が好転したことがよほど嬉しかったようだ。この時の様子を「後にも先にもあの晩位陽気な長塚さんを見たことがありません」と、後日より江は書いている。

長塚3度目の福岡訪問は大正3(1914)年6月10日のこと。故郷の農事や村の世話に多忙になり疲労と心労が溜まったのか、前年の暮れから体調がすぐれず不眠と微熱が続き、東京の病院に入院していた。喉頭結核の再燃と肺結核が疑われ、入退院を繰り返しながら症状が好転しない中、長塚は転地療養を考えた。そこで、また猪之吉を頼って福岡に行こうという気持ちが湧いたようだ。長塚はこう語っている。

「私は日本のどこへ行ったとて、ここで久保博士の待遇の如き厚い同情を受けることは出来ません。博士は世界的に名声を馳せている人で、私の咽喉を焼く人は、この人以外に一人もありません」

そして、より江夫人に対しては姉とも母とも慕っていたようで、100通あまりの葉書を送っている。

長塚は博多に着くや宿に送っていた土産を持参し、猪之吉宅を訪れた。その土産は、友

長塚節　歌碑（九大病院構内）

人の日本画家・平福百穂《ひらふくひゃくすい》が袱紗に描いた秋海棠の絵を画幅に仕立て、より江の懇望に答えて「白埴《しらはに》の瓶《かめ》こそよけれ霧ながら朝はつめたき水くみにけり」と自作の和歌の賛を入れたものだった。より江は大変喜び、これに続く短歌論を聞いていた。しかし、長塚の顔がやつれて元気がないのが気にかかり、すぐ夫・猪之吉に連絡をした。

　猪之吉の診断は「喉頭は軽度の声帯発赤、披裂部の潰瘍そして結核菌陽性、喉頭結核の再燃、当面安静入院」というものだったが、入院についてはあいにく空き部屋がなく、待機となった。その間に第2内科の武谷教授の診察を受け、肺の雑音が認められるとして病名に肺結核が追加。官費入院手続きがとられ、長塚が心配していた治療費の負担なしに養生できることになった。内科的全身療法、及び猪之吉から時々喉頭の焼灼処置をうけ、局所の所見は軽快。入院から50日が過ぎる頃にはまた歌作の意欲が生じ、枕辺の花、看護婦、千代の松原に位置する九大病院の情景を詞書、歌に記していった。医師から「動いちゃいけない」と叱られながらも構内を散歩した長塚は、十数首の歌を作っている。その一部を紹介したい。

「石炭の屑捨つるみちの草村に　秋はまだきのキリギリスなく」

「きりぎりすきこゆる夜の月見草　おぼつかなくも只ほのかなり」

「白銀の鍼打つごとききりぎりす　幾夜はへなば涼しかるらむ」

時々熱が出る体となってしまった長塚。肺結核は、当時の医療では完治は望めなかった。それが判っていても、友人の医師から温暖で空気の良い宮崎の青島での転地療養をすすめられると、持ち前の旅心が動きだし、8月中旬、主治医に相談。九大病院も夏休み体制に入っていたこともあって、帰った時に体調が良ければ郷里の茨城に戻りたいと希望を出し、一旦退院の手続きを取り許可を得た。

しかし、宮崎への旅は病身の長塚にとって過酷なものだった。人吉に1泊、汽車を乗り継ぎ小林に1泊、9時間の乗合馬車をつかって往路だけで3日を要し、青島では病気を理由に宿泊を断られ宿を転々とするという憂き目に遭う。さらに季節柄、台風銀座といわれた宮崎では3度の台風に見舞われた。28日間の滞在中、22日の間は雨だった。

「とこしへに慰もる人もあらなくに　枕に潮のをらぶ夜は憂し」

「こほろぎのしめらに鳴けば鬼灯の　庭のくまみをおもひつつ聴く」

それでも旅と歌作への執念で飫肥、鵜戸岬、日南と巡っていった長塚。40日間動きまわった挙句、疲労困憊して博多に戻った。旅館に宿をとり、時々熱発するたびに九大病院に通う中、歌への情熱は湧き上って歌作は続き、送られた原稿は遺歌集「アララギ　鍼の如く」として今なお残っている。

「病院の門を入りて懐かしきは　只雛頭の花のみなり」

「雞頭は冷たき秋の日にはえて　いよいよ赤く冴えにけるかも」

「ちるべくも見えなき花のベコニヤは　蚊帳の裾などふりにけらしも」

ベゴニヤは猪之吉が趣味で育てていたものを、より江が見舞いの花として枕頭へ活けたものだった。

12月になると、38度以上の熱が頻発するようになった。肺結核が進行したのだ。大正4

（1915）年1月4日、九大病院の隔離病棟に入り、2月8日に死去。享年37。死亡時の診断名は「喉頭結核、急性両側性播種性肺結核」だった。

正岡子規にもっともその才能を愛された歌人であり、旅に生き、旅に死んだ作家・長塚節。博多・崇福寺の和尚の読経の中、納棺が行なわれ、父・源次郎、弟・順次郎、くわえて主治医を務めた猪之吉と曽田、掛下、高崎、西巻、川辺らの医師が崇福寺まで付き添った。

こののち「白銀の鍼打つごとききりぎりす　幾夜はへなば涼しかるらむ」の歌碑が建立された。現在の九州大学病院の構内、薬学部前がその元隔離病棟跡地にあたる。

結核という死病にとりつかれ、相思相愛であった婚約者・黒田てる子との結婚をあきらめ、孤独の中にあった長塚にとって、故郷から遠く離れた福岡の地での猪之吉・より江夫妻との交流は安息の場であったことだろう。医師と患者の立場を離れて、文学者同志として、また疑似家庭のごとく過ごせた時間だったと推察される。

2．文芸雑誌『エニグマ』の創刊

ここで、猪之吉が携わった文芸雑誌『エニグマ』創刊の経緯を紹介したい。
『エニグマ』は、大正2（1913）年から4年までの3年間、福岡で発刊された文芸同人誌である。ちなみに、エニグマとはギリシャ語で謎を意味する。

創刊の発案は九州帝国大学の文学好きの学生、および若き医師たち。新進気鋭の耳鼻咽喉科教授で、歌人・文学者として知られ、『福岡医科大学雑誌』の編集長でもあった猪之吉のもとへ相談が持ち込まれた。当時、猪之吉は初代教授として診療と研究に全力を傾け、着々と実績を積み上げ、日本や世界の耳鼻咽喉科学のパイオニアとしての地位を築きつつあった。多忙な身であったが、学生たちの熱望に心を動かされ協力を快諾。それはかねてからの持論として、医師というものは文学や音楽、美術、演劇などの芸術、哲学などの教養を積み、患者の診察にあたるべきだと思っていた故であろうと思われる。その一方で、本業に多忙な中で心の疲れを感じ、中断していた文学への思いが湧きあがり、若い医学士や親しい教授、文学仲間と共に楽しみたいという思いが生まれたのかもしれない。

『エニグマ』表紙

九州帝国大学医学部には九大フィルハーモニー・オーケストラ（以下、九大フィル）生みの親である榊保三郎精神科教授、九州考古学の基礎を築いた中山平次郎病理学教授、子供の体操教育とランドセルの考案者として知られた桜井恒次郎解剖学教授、心電図の開発者石原誠生理学教授などがいて、いずれも欧州留学経験者で文学好きという面々。猪之吉とも近しく、協力はたやすいものだった。また猪之吉は、新聞寄稿などで既知の地元新聞の文学志向の記者たち、地元の文学愛好者、中央文壇の知人たちにも声をかけ、立場の異なる多士済々な同人たちが集うことになったのである。

『エニグマ』※発行部数は未詳
編集兼発行人　諸岡存（連絡先　九州帝国大学医科大学精神病教室内）
印刷所　福岡市中島町1番地（共文社）
発売元　博文社
定価　12銭～20銭

3. 創刊の経緯、『エニグマ』の同人たち

こうして『エニグマ』は猪之吉およびより江を中心に、各人が投稿する形で定期的に発行されていった。原稿集め、編集、会計等の実務は医学生が指導を受けながら担当。3年間に20号前後発刊されたようだが、正確な号数は確認されておらず、所蔵場所も分散している。

筆者手元の資料をもとにその概略をまとめたものが以下の概要だ。同人、寄稿者、協力者をグループ別に分類して記す。なお、ペンネームは太字で表している。

【教授グループ】

久保猪之吉（**ゐの吉**／耳鼻咽喉科教授／歌人／詩人／俳人／随筆）

久保より江（**より江**／久保猪之吉夫人／歌人／俳人／小説）

榊保三郎（精神科教授／バイオリニスト／九大フィル創立者）

中山平次郎（**松本重彦**／病理学教授／考古学者）

石原誠（生理学教授／心電図）

桜井恒次郎（解剖学教授／子供体操／ランドセル考案）

【医師・医学生グループ】

諸岡存（精神科／編集／発行責任者）

曽田共助（耳鼻咽喉科／**公孫樹**／発起人／編集）

川辺（河原）治作（耳鼻咽喉科／**川辺杏子**／**桃井紅四郎**／発起人）

小野健治（内科／発起人／小説／脚本／寄稿多数）

西巻透三（耳鼻咽喉科／会計担当）

鈴木諒璽（会計）

加藤七三

石田昌

【新聞社関係】

加藤介春（九州日報社会部長／詩人／歌人）

新開竹雨（九州日報重役／玄洋社／短歌心の花同人）

竹田秋楼（福岡日々精鋭記者／短歌／劇評）

天野淡翠（福岡日々記者／「五足の靴」担当／小説）

中野紫葉（福岡日々社会部長／短歌）
田中紫紅（福岡日々／俳人）
小田部楚水（福岡日々／歌人）

【文壇関係】

若山牧水、伊藤燁子（柳原白蓮）、前田夕暮、相馬御風、佐藤緑葉、片山伸、茅野蕭々、茅野雅子、川路柳虹、福田夕咲、長塚節、灰野庄平

複数のペンネームを持つ者やペンネームのみで本名不詳といった者も多く、ペンネームで本名が確認されていない寄稿者が50名以上存在する。その中には、より江が属した短歌会「石畳会」社中も多数含まれている。

猪之吉・より江夫妻は編集を指導し、毎号に評論や詩、エッセイ、短歌などを寄稿し、物心共に『エニグマ』を牽引していった。

掲載作品を大まかにジャンル分けすると、短歌、詩、俳句、小説、劇評（歌舞伎）、感想（劇、寄席、音楽、絵画）、脚本、翻訳、自伝、評論、コラム、紀行、研究論文と非常に多彩である。猪之吉の寄稿になるのは「詩人サールス」、「アルト・ハイデルブルグに就

きて」、詩二編「雨がすり」「つつじ」、評論「医学と文芸と」、詩「秋海棠」「ある時」、紀行・評論「フローレンツの美術」、評論「医学と絵画と」、詩「四葉のクレー（クローバ）」、「児」（順不同）。評論や欧州紀行文などが主で、小説や短歌は見当たらない。

より江の寄稿は、短歌「鸚鵡姫」、感想「筑紫くだり」、小説「祝電」「百合子」、短歌「月見草」「相見ぬ日」、随筆「オペラグラス」「萩ちる頃」と、幅広い内容だ。

『エニグマ』創刊号には、若山牧水が13首の短歌「船と島原と博多と」を寄稿している。牧水は宮崎県東郷村の医師の長男に生まれ、早稲田大学文学部卒、尾上柴舟の門下生である。自然を愛し、旅を愛し、酒を愛した牧水の作品には旅の歌が多く、自然主義短歌文学を確立した。柴舟は猪之吉がいかづち会を創立した時の同志である。大正２（１９１３）年１月、牧水は父・立蔵の死で帰郷中の宮崎から船で博多に上陸、猪之吉の弟子・曽田共助の案内で九大病院近くの箱崎浜を散策した。その時にいくつかの歌を詠んでいる。

「松原は海にも似たりそのかげの　医科大学の赤き煙突」

「福岡の医科大学のうしろなる　海のあをさよそのつめたさよ」

「松葉ちる千代の松ばら松かげの　いにがたくしてふむも白砂」

『エニグマ』2号・3号に、伊藤燁子の名で二題の短歌「緋桃」「もみうら」が掲載されている。これは、のちに筑紫の女王・柳原白蓮として有名になる炭鉱王・伊藤伝右衛門夫人のもの。伊藤燁子は本名である。白蓮は、東京時代より『心の花』佐佐木信綱門下(竹柏会)に属し短歌を通じてより江と交流があった。福岡でも住まいが天神の伊藤伝右衛門別邸で、猪之吉・より江夫妻の住む赤坂門と近く、しばしば猪之吉宅を訪れていた。

九州日報の社会部長であった加藤介春は、早稲田大学在学中に牧水と同級で詩人・歌人として名が知れていた。郷里の福岡に戻り恩師・坪内逍遥の紹介で九州日報に入社。部下にはのちに怪奇小説家として知られるようになる夢野久作がいた。加藤を介して佐藤、川路、福田ら早稲田文学系の詩人が寄稿したのだろう。しかし、主体は九州帝国大学医学部グループであり、猪之吉・より江夫妻は別にして、榊保三郎教授は精神科学の立場から精神分析学紹介、源氏物語の人物性格分析、オペラ略筋、ペンネーム松本重彦(中山平次郎教授)は歴史・考古学研究とそれぞれ格調高い感がある。石原誠教授と桜井教授の寄稿は見出されないが、購読あるいは物心両面の支援があったのかもしれない。

ページ数は医学生・若手医師が圧倒的に占めている。特に小野健治、諸岡存、河原治作(川辺杏子/桃井紅四郎)、曽田共助(公孫樹/きょうすけ)、西巻透三、井田渋三らが目立ち、短歌・詩では石畳会系が多くみられる。中央文壇からの寄稿は各人1～2回で全体としては少なく、編集便りに消息が掲載（上田敏、泉鏡花）されていても作品が見当たらない、というものもある。長塚節については『エニグマ』第1巻12月号（大正2年12月）に「長塚さんのはがき」として、より江宛のはがき文が掲載されていて、次回長塚節寄稿準備中との予告もあるものの未掲載だったようだ。九大病院に入院していた長塚が逝去したのは、それから約1年後の大正4（1915）年2月8日のことだった。

4．『エニグマ』のもたらしたもの

『エニグマ』は福岡あるいは西日本初の文芸雑誌といわれ、多彩な内容と、多数の執筆陣は文学同人誌のレベルをはるかに超えた、新風ハイカラな雑誌と評価されている。海外留学経験のある医科大学教授陣、医学生、東京で大学教育を受けた新聞記者たちが一体となり、地方文化を牽引しようという熱気を感じさせる内容だ。他の都市にはあまりみられないこの現象は、京都帝国大学福岡医科大学創立から九州帝国大学への昇格まで、県民を挙げて多額の資金を拠出したり、博多商人・渡辺与八郎のように広大な学校敷地を寄付したりする者がいた帝大誘致運動にも共通のものを感じさせられる。同様に、開講10周年記念式典・祝賀会では学生主導の提灯行列や記念音楽会を行ない数千人の市民が参加した、といったような事象もあり、これらは福岡あるいは博多の市民気質であると共に、九州に新設された帝国大学への敬意や期待の発露でもある。

『エニグマ』発刊を発案した学生たちの情熱、主導した猪之吉・より江夫妻の功績は大きい。また、夫妻のほかに同人の中から地域文化の発信者となった者も出た。新潟の柏崎出身で九州帝国大学耳鼻咽喉科医師の曽田共助は、小倉市立病院耳鼻咽喉科部長を経て小倉市で耳鼻咽喉科病院を開業。その傍ら、小倉郷土会を組織し、句会に加わり、小倉文化界の中心人物として活躍した。ちなみに曽田は、松本清張の『ある「小倉日記」伝』のなかで蔵書家の病院長・白川慶一郎として登場している。現在、その膨大な蔵書は「曽田文庫」として小倉記念図書館の管理下にあるようだ。

同じく河原治作（川辺杏子／桃井紅四郎）は大分県立病院部長を経て福岡市博多区の水茶屋に開業。博多屈指の演劇通として知られ、博多少女歌劇の脚本や戯曲を執筆し、福岡演劇界を支えた。

故落合先生を偲ぶ会（昭和３年 12 月 16 日）
後列左から：尾上柴舟・与謝野寛・金子薫園
前列左から：斎藤茂吉・佐佐木信綱・久保猪之吉・与謝野晶子・小池重

新聞編集者・加藤介春は詩人として中央詩壇で活躍しながら、地元同人誌へも寄稿し詩壇の育成に努めた。同じく福岡日日新聞の重役・新開竹雨は地元福岡藩の歌人・大隈言道の研究者として知られた。『エニグマ』が終刊した時期は不詳だが、大正４年内には終刊し、新たな雑誌『ミナト』が創刊、一部同人は引き継がれたのではないかといわれている。『エニグマ』をはじめ猪之吉・より江夫妻の福岡文壇に与えた有形無形の貢献は、『エニグマ』の功績と共に後世でも高く評価されている。

第7章
猪之吉・より江夫妻と文学者たち

1．柳原白蓮と猪之吉・より江夫妻

猪之吉・より江夫妻共に親交のあった柳原白蓮についても、触れておかなければならないだろう。

柳原　白蓮

柳原白蓮（本名・柳原燁子。以降、白蓮）は明治18（1885）年、柳原前光伯爵を父に、柳橋の芸妓だった奥津りょうを母に誕生した。生後間もなく柳原家に引き取られ次女として入籍、大正天皇の従妹にあたる。母・りょうの父は幕臣で外国奉行でもあった日米修好通商条約遣米使節正使・新見正興である。

15歳で華族女学校（現・学習院女子中・高等科）を中退し、北小路資武と結婚したが、5年後に離婚。23歳の時、東洋英和女学校（現・東洋英和女学院）に編入し、寮生活で「赤毛のアン」の翻訳者・村岡花子と親交を深めた。

この頃、歌人・佐佐木信綱が主宰する竹柏会に入門し、機関誌『心の花』に柳原燁子の署名で短歌の寄稿を始めた。ちなみに猪之吉が短歌界の風雲児としていかづち会を率いて活動したのはこれに先んじて、明治31(1898)年から35(1902)年頃だったが、猪之吉もまた『心の花』に短歌や歌論を発表していた。

明治44(1911)年、白蓮26歳の時、筑豊の炭鉱王・伊藤伝右衛門と結婚(東京で挙式)。3月より福岡県嘉穂郡幸袋(現・飯塚市)に居住した。歌誌『心の花』に「まぼろしの花」17首を掲載しているが、この時に、白蓮の号を使用。佐佐木信綱のすすめによるものだったようだ。その中の1首は以下のようなものである。

「天上の花の姿とおもひしは　かり寝の宿のまぼろしの花」

伊藤燁子時代の白蓮(中央)と右側により江夫人といわれている女性

翌年5月、九州帝国大学福岡医科大学精神科・榊保三郎教授が立ち上げた第1回九大フィル演奏会(ベートーベン交響曲第九番演奏)が行なわれた。7月30日、明治天皇が崩御された際に白蓮は「伊藤燁子」名で明治天皇追悼歌を『心の花』に掲載。同年、第3回九大フィル演奏会で新曲「明治天皇奉悼歌（作詞／久保猪之吉、作曲／榊保三郎）が演奏された際には、会場に福岡を代表する文化人として白蓮と猪之吉・より江夫妻の特別席が用意されていた。

翌大正2（1913）年、猪之吉を中心に発行された文芸誌『エニグマ』に伊藤燁子名で「緋桃」「もみうら」が掲載されたのは先述の通りだ。同年11月、九州帝国大学福岡医科大学記念祝賀会が催され、より江、白蓮、野田茂重子（福岡鉱務所長夫人）が「社交界の三明星」として地元の新聞紙上を賑わせた。

大正4（1915）年、白蓮30歳の時に、第一歌集『踏絵』を上梓。装丁は竹久夢二によるもので、十字架に磔になったキリストの足下に座る愁いを含んだ女の絵柄だった。豪華で贅沢な本は伝右衛門の資力を物語っている。『心の花』は特集を組み、その悲しくも激しい歌風は歌人として注目を浴びた。しかし地元筑豊・福岡の人々は、赤裸々なその内容に反感を抱いたようだ。伝右衛門は無学で粗暴な資産家と報じられる傍ら、地元では包容力と気骨を備えた実業家「伝ねむさん」として親しまれていたのだ。『踏絵』におさめられた歌は以下のようなものだった。

「ある時は王者の床も許さじと　まきしかひなのこの冷たさよ」
「緋桃咲くゆふべはこひしわがつまも　妖婦とわれを罵りし子も」

「踏絵もてためさるる日の来しごとの　歌反故いだき立てる火の前」

大正6（1917）年、佐佐木信綱が福岡を来訪。福岡の城下・今泉に生まれた歌人・大隈言道を近代短歌の先駆者として再発見した信綱が、旧知の猪之吉や猪之吉が紹介した地元の言道研究者・梅野満男、新開竹雨たちと交流するための来福だった。信綱は愛弟子・白蓮と猪之吉の案内で福岡の香椎や太宰府を周遊。白蓮は言道には関心がなかったものの、師と仰ぐ信綱の来訪には舞い上がっていた。

「さくら散る浪の上こえ山超えて　師の君来ます筑紫の国に」

大正8（1919）年には高浜虚子が来福。虚子を迎えての歓迎俳句大会に、より江、白蓮、茂重子、杉田久女、竹下しづの女、橋本多佳子、そして無季俳句の提唱者・吉岡禅寺洞らが集い、宴は盛大に行なわれた。また、大正7（1918）年の炭鉱事故をきっかけに起こった筑豊炭鉱疑獄事件により、伝右衛門・白蓮夫妻と福岡鉱務署長・野田勇とその夫人・茂重子の交流関係に世間は注目。「筑紫の女王」と呼ばれた白蓮だけに、その経歴や身分、夫婦仲が新聞紙上を賑わせた。

この頃、大名町（現・赤坂）に転居した猪之吉の居宅（西南学院院長・ドージャーの旧邸）は文学者たちの集まるサロンとなっていた。白蓮も天神にある伝右衛門の別邸（後の銅御殿《あかがねごてん》）から近かったこともあり、しばしば訪れ文学論やら庭のベゴニアの話題などに歓談した。

また、大正4年に伝右衛門が温泉の町・別府に建てた豪華な別荘は、白蓮のお気に入りで、長逗留することもあり、歌人や俳人を招いて歓待した。

その中で久保猪之吉・より江夫妻、野田茂重子もしばしば招かれていた。新聞記者や出版関係の出入りも多かった。

宮崎龍介が白蓮の前に現れたのは、大正9年1月。白蓮の著書の打ち合わせの為だった。

龍介は東大法学部、新人会（社会派学生組織）・弁論部で活動し卒業、27歳で雑誌「解放」の編集をしていた。父は辛亥革命の主導者孫文の支援者として有名な、熊本・玉名生まれの宮崎滔天であった。龍介の話に興味を持った白蓮は歓待し、依頼された著作は完成し、その後の交際が始まったようだ。

その頃、猪之吉は学者として、臨床家の医師として高名になり、海外を含む遠方から来院する患者を治療し、研究論文を書き、さらに医学雑誌の編集などの学会活動、大教室なった医局の運営、門弟たちの指導、欧米の学会との交流などの本業に加えて、新聞・雑誌からの寄稿依頼が相次いでおり多忙を極めていた。さらに大正10年から九大病院長の重任が加わることになる。そんな夫猪之吉を多方面から支える妻より江も多忙を極めていた。

大正10（1921）年10月20日、白蓮は上京中に突然出奔し、2日後、朝日新聞紙上に夫・伝右衛門への「絶縁状」が掲載される。いわゆる「白蓮事件」である。

白蓮はその後、宮崎龍介と結婚し、子供をもうけ夫と助け合いながら、82歳まで生きた。その後、久保夫妻との交流はあったのだろうか。そのことに関してはよく分からない。

2. 斎藤茂吉と久保夫妻

斎藤茂吉（明治15年～昭和28年）は伊藤左千夫門下、アララギ派の歌人として活躍した。歌集の『赤光』『あらたま』なども一般に広く知られているが、随筆家、精神科医としての顔も持っていた。茂吉は明治15（1882）年、山形県南村山郡（現・上山市）の農家・守山家の三男に生まれ、同郷の医師・斎藤家（東京の開業医）の養子となった。明治43（1910）年、東大医学部を卒業。精神科助手として東京巣鴨病院に勤務。その

斎藤　茂吉

後、大正6（1917）年12月、長崎医科大学に教授として赴任したが、心中は遠く都落ちの思いしきりだったようだ。長崎での心情を詠んだ歌も残っている。

「あはれあはれここは肥前の長崎か　唐寺の甍に降る寒き雨」

妻の輝子は遅れて長崎入りしたが、丸山（思案橋）や蛍茶屋と遊郭通いにふける茂吉の姿にあきれ、早々に帰京。その一方で、学生には風変わりな面白い先生として人気があったようだ。また、長崎史談会の古賀十二郎や武藤長蔵らとも交流があり、歌に残している。

「いつしかも三年明けくれし長崎の　友を思へばこころゆらぎ来」

また、シーボルトへも興味を示しており、こんな歌も詠んでいる。

「鳴滝の激《たぎ》ちの音を聞きつつぞ　西洋の学に日々目ざめけむ」

大正8（1919）年、茂吉は肺結核に感染し吐血。佐賀の古湯温泉や嬉野温泉へ湯治に向かった。

「うつせみの病やしなふ寂しさは　川上川のみなもとどころ」

猪之吉・より江夫妻が雲仙温泉に止宿（夏季休暇・定宿九州ホテル）すると聞き、喉頭結核の診察を受けた。この時の診断は、耳、鼻、咽頭、喉頭に所見なしと記録され、茂吉は以下の歌を詠んでいる。

「この山に君は来りて昆虫の　卵あつむと聞くが親しさ」

「わが病みたまいひし物語る　より江夫人は長塚節の話」

この頃、猪之吉・より江夫妻は夏休みを雲仙で1ヶ月ほどとり、趣味の昆虫（蝶）採集とゴルフをして過ごしていた。長塚節はアララギ派の歌人として共通の知人である。大正10（1921）年3月、茂吉は福岡に入り、九州帝国大学福岡医科大学にて診察を受け、院内を見学し、猪之吉宅に招かれた。

「春さむしと思はぬ部屋に長崎の　御堂の話長塚節の話」

「あたたかき御心こもるこの部屋に　あまたの猫も飼はれて遊ぶ」

この時、茂吉は長崎医科大学を辞め上京の途中。その後、欧州に留学することを計画していた。そうして大正13（1924）年、欧州視察中の猪之吉と留学中の茂吉はロンドンとパリで邂逅したのだった。

3. 倉田百三、久保猪之吉を頼って

劇作家、評論家であり、宗教者としても知られる倉田百三（明治24年〜昭和18年）は、広島県庄原市に呉服商の長男として生まれた。明治43（1910）年、広島の三次中学を卒業して東京へ。第一高等学校へ入学し、文芸部・弁論部に所属。大正元（1912）年、京都に西田幾多郎を訪ねた。

大正2（1913）年、一高を中退。肺結核療養のため須磨、広島、別府各地を転々とする。大正6（1917）年『出家とその弟子』を出版したが、その年の正月に発熱し、関節炎・骨盤カリエスを併発して病臥の身に。さらに大正7（1918）年の夏、肋骨カリエスまでも併発。長塚節などの結核治療で名前が知れ、文学にも造詣があった猪之吉を頼り、結核の療養と肋骨カリエス手術のため九大病院を受診した。この時、百三28歳。猪之吉の世話で、閑静な福岡市西部の今川橋近くの金龍寺境内・貝原益軒記念館に妻の晴子、長男の地三と共に仮寓し、通院しながら大正8（1919）年6月まで滞在していた。晴子夫人はまだ幼い地三を抱えながら百三の身辺の世話をし、それを見かねた近隣の人たち

も手伝っていたそうだ。猪之吉も時々人力車で往診している。ギプスによる安静、家族による看病、また海風を含んだ清んだ空気のおかげか、百三の容態は少しずつ回復して、仰臥しながらの読書や書き物もできるようになった。

百三が武者小路実篤の「新しき村」運動に賛同したため、同所が「新しき村」の福岡事務所となり、実篤や白樺派の人々、白蓮や福岡出身の画家・児島善三郎、隣の西新町に住んでいた薄田研二らがよく訪ねてきた。猪之吉・より江夫妻は勿論、百三が修行した京都の一灯園主・西田天香も九州巡講途中に立ち寄っている。百三は、この今川・金龍寺で『愛と認識の出発』や戯曲『俊寛』などの構想を練ったといわれている。そんな折に東京から伝わってきたのが『出家とその弟子』が有楽座で公演される、ということだった。大正8年7月の公演は大好評で、次いで一灯園主催で京都上演が予定されていた。これを聞いた百三は、床をあげて公演を見たい気持ちを抑えきれなくなる。大正8（1919）年11月20日『出家とその弟子』京都・岡崎公会堂上演前の6月、健康を取り戻した百三は妻子を連れて貝原益軒像と高い楼門、福岡の人々との名残を惜しみながら福岡の地を後にした。

倉田　百三

その後、百三は上京。大森に住み『俊寛』『愛と認識との出発』『親鸞』などを執筆した。これらは高校生ら青年に支持され必読の書となり、中でも『出家とその弟子』はフランスの劇作家ロマン・ロランからも称賛を受けている。

昭和18（1943）年、百三は大森の自宅で死去した。享年51。金龍寺境内の貝原家墓地前に建つ貝原益軒銅像の右前に「倉田百三滞在の碑」が残されている。

4. 落合直文に繋がる人々

昭和3（1928）年12月6日「落合直文を偲ぶ会」が東京ステーションホテルで開かれた。これは直文の25年忌だった。出席したのは猪之吉のほか佐佐木信綱、尾上柴舟、金子薫園、与謝野鉄幹・晶子夫妻、斎藤茂吉、小池重。いずれもその昔、短歌の革新運動に活躍した面々だ。

その席で与謝野晶子はこう詠んでいる。

「わが知らぬ昔語りといふものは　ゆめまぼろしのごとくうつくし」

5. 高浜虚子に繋がる人々

俳人・小説家の高浜虚子（明治7年〜昭和34年）は、愛媛県の松山に生まれ、のち正岡子規に師事し俳句を教わった。号の虚子《きよし》は本名の高浜清《きよし》をもじったものだ。俳誌『ホトトギス』主宰として知られ、五七五調、季語、花鳥諷詠、客観写生の理念で活動した。

以下のような句が代表作として知られている。

「遠山に日の当たりたる枯野かな」

「春風や闘志いだきて丘に立つ」

弟子同士の手紙に「久保先生は和歌も相当うまかったらしいが、奥さんにつられて、最近は俳句に変わられたやうです」という文面が残されている。

大正6（1917）年9月、虚子は句誌『ホトトギス』同人の吉岡禅寺洞・清原枴童に福岡へ招かれ、そこで歓迎句会が開かれた。より江は子規を通じて虚子と松山時代から面識があり、白蓮らを誘ってこれに参加している。

惜春会　東公園一方亭にて　後列左より：三宅清三郎・河野静雲
中央左より：吉岡禅寺洞・清原枴童・角青果・楠目橙黄子
前列左より：日原方舟・久保猪之吉・久保より江・杉田久女・三宅萩女・橋本多佳子

第8章　猪之吉と俳句

1．俳人・久保より江とその師・高浜虚子

先述の、高浜虚子歓迎句会に参加したことを機に、より江は慣れ親しんだ短歌から俳句に重心を置くようになった。大正７（１９１８）年、『ホトトギス』の同人となり、大正13（１９２４）年にはホトトギス本山の句会に女性として初めて参加し、熱中するようになる。

そんなより江に、猪之吉も少なからず影響を受けたようだ。大正10（１９２１）年に上京した際、「扇風機に卓上の花の萎え易き」と猪之吉が詠んだことが、より江のメモを通して虚子の耳に入った。その句が『ホトトギス』に掲載されたことにより、句作への一歩が踏み出された。

大正14（１９２５）年、欧米視察から帰国以後は、それに拍車がかかり上京の車中や医業の余暇は歌作より句作に移行。猪之吉の句は『ホトトギス』雑詠欄に１３０句が掲載された。虚子は、昭和３（１９２８）年に『より江句文集』の序で次のように記している。

「夫人の感化はつひに夫君にも及び、猪之吉博士も数年来の和歌を捨て俳句に精進する様

になった。子無き夫妻の相倚り相頼んでゐる綿々たる情緒は両者の句に見る事が出来る」

猪之吉の俳風は、写生的で色彩感にあふれ、絵画的美しさを持っている。生命力を讃えるなど個性があり、当然ながら和歌の影響も拭えない。

「緩やかにめぐる水車や春の雨」

「落椿客去りにし卓に拾はせつ」

和歌と俳句の違いに関し猪之吉は「和歌は主観的であり想像的、俳句は客観的で写実的で精緻であるように思ふ。しかし客観のみを叙した句でもその背後に作者の主観が働いてゐる—（中略）—個性を表現することを忘れず、流行を追はず、模倣に流れず」とさすがに本質をついた主張を述べている。

2. 句集『春潮集』の発刊

昭和7（1932）年5月、猪之吉は九州帝国大学耳鼻咽喉科開講25周年を記念して「自分を句作に引き入れた妻・より江にこの句集を献ず」を献辞した。

はしがきにはこうある。―『春潮集』の名は「春の潮鳥居ぬらして引きにけり」の句より採った。自分の踏んで歩いた道の他の一面を伝えておくのも無益の事ではなからう。

過去5年間の『ホトトギス』投稿句より700句を自選―
大正14（1925）年―159句、大正15（1926）年―112句、昭和2（1927）年―184句、昭和3（1928）年―152句、昭和4（1929）年―72句、昭和5（1930）年―11句

句題は自然（植物、動物、景色、天文など）から人事（診療、海外、旅行、子供）まで多彩なものとなっている。

――植物

「ダアリアの瓶をあふれて抜けむとす」
「せせらぎに流れもあへぬ落椿」
「山茶花の紅きが雪に打ち勝てり」

――動物

「もつれあひて空にきえ行く胡蝶かな」

――診察中

「水仙や耳の包帯巻きかふる」

「霜焼けの耳逞しき生徒かな」

――子供

「杏の枝子等弛ませてちぎりをり」

「草臥れて背に寝入る子や放生会」

――入院中（東大病院）

「面会謝絶と戸に張り付けて梅雨病舎」

「涅槃の如床を守りて春すぎぬ」

「梅雨晴や付き添ひ達の笑ひ声」

――海外

「流星のアラビアの野に直下せり」

「両岸に対す古城や青葉かな」

俳人たちは「いかにも教養ある先生の実感を飾り気なく表現し、立派な写生句だ」「俳句にとらはれてゐない所に新しさがある」「このやうに俳句の種が滾々として尽きないのは、人間として深い蓄積があるからであらう」と猪之吉の句を評した。

この頃、福岡の俳人・吉岡禅寺洞は新興俳句運動を起こし、主宰の俳誌「天の川」を中心に杉田久女、竹下しづの女、橋本多佳子ら同調者を多く出して、無季俳句を提唱した。猪之吉もこれに投稿して「百年後この俳句の革新運動も必ず認められるに違ひなゐ」と述べ、句を残している。

「猫の子を抱いて離さぬ小猿かな」

若き日の久保夫妻（明治44年7月）全快祝い祝賀会の時に、四三会会員より贈られた見事な置き時計

第9章　猪之吉・より江夫妻の文学作品

1．久保猪之吉

猪之吉の文学者としての評価は、歌人としてのものが最も高いといわれているが、その大部分は若い学生時代、つまり「いかづち会」の頃に輝いたものであり、あまりにも短い期間だった。その後、折に触れて発表された歌を含めても、斎藤茂吉などに比べて相対的には少ない作品数だ。しかし、識者たちの中にはその先進性、清新を評価する者も多く、昭和12（1937）年に編まれた『新万葉集』には猪之吉の歌が数多く選ばれている。

一方で、その文学的才能は短歌以外にも評論、詩、エッセイ、評伝、新聞等の寄稿文にも発揮されている。ここでそれらの一部を紹介したい。

1．短歌『新万葉集』（日本文学全集）より抜粋（既掲載分除く）

梅の花うけて興ぜしさかづきに薬つぐべくなりにけるかな
ほとばしる滝の水沫を手にむすび書に疲れし目を洗ふかな
火に入りて火を焚かれむ本望ぞ火をもとめたる虫にやあらぬ

書をよみてあらぬなげきをせむよりは君がみもとに老いむとぞ思ふ
いかならむ国に行かばかわが胸のひそむおもひを知る人のあらむ
やすらかに沈む入日よ妹が住む日本の朝を清く明けしめ
咲きそめし山茶花みれば誕生日又せまれりと心躍りす
散りはてし小瓶の薔薇は地にささむいきむ力よ根となれ芽となれ
風の前に平手かざして灯を守る心持ちつつ年は経にけり
四十年の昔の友を訪ね来て話はつきず冬日暮れたり
大方の楽しみごとは何ならず書冊の中に日を愛しむ身は

2．評論

「詩人サールス」「アルト・ハイデルブルグに就きて」「医学と文芸と」「フロレンツの美術」「野村望東尼と大隈言道論」

3．詩

「四葉のクレー」「雨がすり」「つつじ」「秋海棠」「児」「ある時」

4．エッセイ

「若きゲーテの喀血につきて」「外国船」「石盤のはなし」「魚骨」「落合先生の思ひ出」「会議室」「十三日のたたり」

5．評伝、伝記、弔辞

「サー・フィリックス・ゼモンの論文を読みて」「予がウィルヒョー観」「アンリ・リュック伝」「大森学長を送る辞」「大森博士を弔ふ詞」「小此木信六郎伝」「アロイス・クライドル先生を悼む」「ツワルデマーケル先生伝」「賀古鶴所伝」「キュンメル先生を悼む」「キューリー夫人を悼む」「大西名誉教授追悼弔辞」「中村憲吉氏の思ひ出」「紅葉の十年忌に」

6．新聞・雑誌への寄稿抜粋（福岡日日、九州日報、九州日日、日本医事週報）

「ましかば（福岡発展策）」「人生と趣味」「独逸より見たる戦争雑感」「一番よきは千代の松原」「旧跡保存と益軒文庫」「旅宿に於ける衛生上の注意」「医学と絵画と」「耳鼻咽喉科領域における欧州の近況」「明治節に就きて」「心配な独逸留学生」「何故にして舟に酔ふか」「大山の蝶採集談」

「発表された勅撰選歌」「落合直文満二十五年忌に」「伊太利日記の中から
「欧州視察談」「地中海にて」「いかづち館」「忘れがたい誕生日」
その他多数

2. 久保より江

猪之吉の妻・久保より江は『ホトトギス』派の俳人として認められ、多数の句作をしているが、美文家、随筆家としても知られ、以下のような作品を残している。
「筑紫くだり」「虹の松原より」「百合子」「月見草」「相みぬ日」「長塚さん」「萩ちる頃」「より江句文集」「嫁ぬすみ」「私の猫のはなし」「思ひ出の窓」「忘れられた本」「同行二人」「雷の如く」

幼少時には夏目漱石、正岡子規たちに可愛がられ、恵まれた環境で育った温厚な性格だが、独立心が強く堅忍不抜の精神の持ち主でもあり、時には強気の面を見せることがあったようだ。一方で、行動は竹を割ったようにすべてに果断、東京時代にはその当時、まだ珍しかった自転車に乗って走っていたと伝わっている。

高浜虚子門下の俳人として活躍したより江は、短歌や小説、随筆などにも多くの作品を残したが、一方では家庭にありながら医学専門雑誌の原稿整理、編集、校正に務め、その分野においても才能を発揮した。また、若い教室員の面倒をよく見て、母のように慕われるといった内助の功もあった。長塚節をはじめ、知人、友人たちからもその人柄を愛された妻・より江に向けて、猪之吉は九州帝国大学を退官する際に小文を残し、感謝の意を表している。

猪之吉はウィルヒョー夫人を論じて「天此人に与へるに、此の好配偶を以てし、その志を遂げしめ、その功を収めしめぬ。蓋し偶然の事に非ざるべし」としたが、まさに、より江にぴたりと当てはまる言葉である。

また、猪之吉・より江夫妻共に猫が好きで、いつも数匹の猫を育てていた。「私の猫のはなし」というエッセイや、複数の猫と一緒の写真も残している。

「猫の子のもらはれて行く袂《たもと》かな」

「かへり来ぬねこに春夜の灯をけさず」

二人にとっては、猫も大切な家族の一員だった。夫婦の間に子供はなかったが、子供の情景はしばしば俳句に表現されている。猪之吉は『若きゲーテの喀血につきて』のなかで「天才の地上に現れるのは子孫繁殖の為では無いらしい。天才の事業そのものが不老不死の子孫だ」の言葉に同感を覚えている。二人にとって門弟たち、九州帝国大学耳鼻咽喉科教室そのものが子孫といえる存在だった。しかしこうも詠んでいる。

「子無き身の心安さよ旅の月」

猪之吉の、強がりといえなくもないような、微妙に揺れ動く心境が垣間見える一句である。

3. 博多の文化サロン

ここで猪之吉・より江夫妻が主宰した「博多の文化サロン」と称された久保邸について少し述べてみたい。

大正6（1917）年に東公園から大名町（現赤坂）へ転居した久保邸は、西南学院大学の創立者C．K．ドージャーの旧宅で敷地584坪、赤煉瓦塀と大木に囲まれた中に和

福岡城お堀前にあった、久保邸跡。蔦の絡まった赤レンガの壁

洋折衷の瀟洒な建物と広い芝生庭に薔薇や山茶花などが植えられていたそうだ。

サロンには『エニグマ』の同人をはじめ、地元の若い文人（九州文学の原田種夫たち）、中央からの文学者（若山牧水、与謝野鉄幹・晶子、斎藤茂吉など）が集い、俳人高浜虚子も泊まっていた。より江の友人、竹下しづの女や俳句の仲間も多く集まり、紅茶が出て、和やかで優雅な雰囲気だったようだ。近くの天神にある伊藤伝右衛門別邸に滞在する白蓮もしばしば訪れ、ベゴニアを愛でたり、猪之吉に写真を撮ってもらったりして、はしゃいだ様子が伝えられている。

特にしづの女は、日頃からより江を「お菓子の様に美しい人」「ふっくらと可愛い人」と表現し、親しくしており、沢山の手紙の往復が残されている。しづの女は「七夕祭り」というエッセイの中で、松葉ぼたんや紅薔薇が庭を彩る久保邸で行なわれた「星祭句会」で、より江のセンスの良い七夕飾りや料理の準備、行儀の良い猫、てきぱきした明るい会の仕切りに感心し、当日参加した吉岡禅寺洞、横山白虹らの大御所も含め、女流俳人たちが次々に句作をして座が盛り上がる様子をいささかの興奮をもって活写している。しかもより江は、この句会の混雑の中で外遊中の猪之吉が書いた学術雑誌原稿の校正をし、出版社に送付している。

しづの女は「あなたも外から考へるやうに暢気でもないですこと！」と、夫に後顧の憂いを残させないために頑張るより江に、感服とねぎらいの言葉をかけている。

外遊の留守の館や星祭　　雪子

門訪へば松葉ぼたんに足場なし　　しづの女

東に七夕竹の傾けり　　より江

七夕や蝕《むしく》ひ瓜もたてまつる　　禅寺洞

しづの女は、福岡女子師範学校を卒業し小学校の教師をへて、家庭と文学の両立に大忙しであった。より江の恵まれた身分に羨望した時期もあっただろう。

より江は、しづの女の夫が脳梗塞で急死した時、吉岡禅寺洞、河野静雲など俳人に呼びかけ「短冊頒布会」を開催。しづの女の家計を助け、夫猪之吉のつてで県立図書館の職を世話したといわれる。

久保邸は、時に九大耳鼻咽喉科教室の門弟家族の園遊会場としても提供され、教室員を労った。猪之吉の定年退官による東京転居に伴い、門弟・曽田共助が買い取り、現在はご子息の福岡大学名誉教授・曽田豊二氏住居として福岡城跡のお堀の前に佇んでいる。

4. 俳人としてのより江

大正末期から昭和初期にかけて、『ホトトギス』が俳句界を席巻した。同時に女流俳人たちの進出はめざましく、特に福岡は女流俳人のメッカと呼ばれた。杉田久女、竹下しづの女、久保より江と、3人の先駆的女流俳人が揃っていたからである。

3人の中で最も早く『ホトトギス』に登場したのは杉田久女だったが、一気に頂点に駆け上ったのは、竹下しづの女であった。それぞれの代表句に以下のようなものがある。

花衣ぬぐやまつはる紐いろいろ　杉田久女

短夜や乳ぜり泣く児を須可捨焉乎《すてちまおか》　竹下しづの女

2人に比べて遅れて活躍したのがより江だったが、機知に富んだ上品な俳風の句が多く、女性を主張する斬新で激しい句が多い2人に比べて、「お嬢様が奥様になった、人生の懊悩がない恵まれた日常が漂ふ柔らかい幸福感。新しい感覚の句」と評された。『現代日本文学全集・現代俳句集』の女流4人にも選ばれ、10句が掲載されている。長く活動し、虚子からもっとも信頼されたのも、より江だったといわれている。

『現代日本文学全集』に収録されたより江の俳句を紹介する。

かるたきれどよき占い出でず春の宵
たんぽぽを折ればうつろのひびきかな
土手につく花見疲れのかた手かな
猫の子のもらはれて行く袂かな
かの窓に倚る人ありや春の月
病間やとる手鏡の梅雨ぐもり

窓ごしに与へ去り足る蛍かな

湯上りの素顔よろしき浴衣かな

夏痩のわれいとほしむ端居かな

京の宿浪速の宿や青すだれ

教室員家族園遊会
久保邸の庭園にて（昭和２年５月）

第10章　猪之吉の面影と人物像

1．風貌、服装、習慣

猪之吉の人物像はこのような評と共に伝わっている。

「鼻下のカイゼル髭が厳めしい沈着な医師。凛として男惚れする表情は誰もが一致する印象。服装はチリひとつない黒または紺の上着、白ワイシャツ、ハイカラー、博多織のネクタイを見立て、外出時は山高帽（英国流の黒は博多にはないので大阪の「ロンドン屋」にて注文）、コウモリ傘を左手に大学への出勤には人力車に乗った。専属の車夫はある門弟の紹介で、地元から久保家に勤め代々受け継がれたという。身長１５２ｃｍと小柄で蒲柳の質（ほっそりとして病気になりやすい体つき）。胸を張って背筋を伸ばし、顎を少し上げて歩いた。自ずから威厳があり人力車に乗った先生が玄関に着かれると皆緊張した」

東北訛りが混じり、口数は少なめの猪之吉だったが、ひとたび口を開けば郷土色の少し残ったテノールで言語明晰、理路整然、論理流れる如しといった語り口。しかし機嫌がいい時に口笛を吹く癖があったり、窓の外を通る人に呼び掛けたりするといった子供っぽいところもあり、誰にも自然な心で接したので人の気持ちを和らげた。

2. 少年時代、青年時代

猪之吉が福島県尋常中学校に合格したのを機に、久保家は佐倉村に転居したが、村から学校までは片道2里半（約10ｋｍ）。交通機関はない上に道路は悪いという道のりを、雨の日も風の日も、小柄な猪之吉少年は徒歩で通学した。東北の冬は長く、秋から春まで厳しい寒気にさらされる。霙や吹雪の日も多く、マントや草鞋《わらじ》も凍るほどだった。

継母のミツには幼児の養育があり、また身重でもあったため、猪之吉は学校を終え日没後に帰宅するとすぐに水桶を持って、2丁（２４０ｍ）離れた泉まで数回水を汲みに往復した。炉辺で濡れたマントと草鞋、足袋を乾かし、ようやく夕食が終わるのが8時。それでも翌朝は3時過ぎに起きて、竈で飯を炊き、朝食後には自分で弁当を作って5時に家を出て登校する、という毎日を送っていた。夜明け前の暗闇を歩く少年にとっては、大きな犬に取り囲まれ吼えたてられるのが怖く、ポケットに小石を沢山忍ばせていたそうだ。

学校からの帰り道、猛吹雪で歩けなくなり、倒れて農夫に助けられ泊めてもらったことも2～3度あった。早めに家を出ても、道が悪いために滑ったり転んだりして10分ほど遅れることも度々だったが「久保は小さい身体で遠くから来るから」と受け持ちの先生は遅刻にはしなかった。あの頃が一番辛かったが、おかげで身体も強くなった、とは猪之吉の回顧談だ。それでも日々の予習、復習は欠かさず、常に成績は優秀で、隣人や村人たちの賞賛の的だったと当時の友人は振り返っている。

ちなみに、猪之吉が通っていた福島県尋常中学校は校舎が火災のために焼失し、安積郡桑野村（現・郡山市開成）に移転している。

2年生の秋、猪之吉は寄宿舎に入った。これによって通学の苦労は解消したが、貧窮は変わらず続き、学用品も不足。ノート用の藁半紙綴りには余白を残さず表裏両面を使用し、整然と正確に記載していたので、友人たちがこれを重宝がって借りにくることも多かったようだ。努力家の上に頭脳明晰で学業抜群、中学時代は常に学年首席を通した。

卒業後、上京した猪之吉は梶浦鎌次郎宅に寄宿した。福島県尋常中学校に久末武次郎という福岡出身の化学教師がおり、久末は猪之吉のことを相談するため上京。東京工業学校（のち東京工業大学）の同窓で親友でもあった梶浦にこう話したそうだ。

「わが校に久保猪之吉という学生がいる。頭脳明晰で常に首席を占めており、生活態度も含めて真に模範学生であるが、父君は村役場に勤め家計は裕福でなく、生い立ちも気の毒で世の辛苦をなめてきている。第一高等中学校（旧制一高）に進学させたいので学費半分は自分（久末）が負担するが、あとの半分を補助してくれまいか」

当時、独身で農商務省に勤務していた梶浦は、「自分（梶浦）はまだ薄給で学費を出すことはできないが、小石川の後楽園近くの借家に部屋の余裕がある。希望なら書生として置いてあげてもよい」と返答。この報せに猪之吉は喜び勇んで上京し、梶浦宅で書生として掃除、料理など家事を手伝いながら受験勉強に励んだ。その努力は実って、明治24（1891）年7月、無事に旧制一高に合格し、同年9月に入学する。

梶浦によると、猪之吉は教科書の基礎からきちんと押さえ、問題集を繰り返し解き、決して手抜きをしなかったそうだ。寒い日に火鉢を持っていったら「火の気があると眠気が出るので」と断り、凍える手を摩擦しながら勉強していたという話も残っている。

後年、梶浦の令息・毅四郎が九州帝国大学医学部に入学した時には、下宿先から生活の面倒まですべてを猪之吉が世話した。毅四郎が耳鼻咽喉科に入局し学位を授受することになると、これを指導し、昔の恩に報いた。

「一高時代、予は学科に於いて偏愛せざりき」と、全科において勉学に励み、小柄で虚弱だった身体も、剣道の寒稽古で皆勤賞を受けるほど頑健になっていったようだ。猪之吉は後年、高等商業学校（現・一橋大学）との対抗ボート競走の応援合戦の興奮や、日清戦争祝賀会で校庭に豚を放ち後で豚汁にして食べたこと、講堂で開催した音楽会が女性も詰め掛け超満員となり混乱したことなどを挙げ、旧制一高時代が最も楽しかったと書いている。

旧制一高の国文学教師には、歌人の落合直文がいた。直文は当時、短歌の革新運動の先駆者でもあり、結社「浅香社」を起こしている。門下には与謝野鉄幹、人町桂月、鮎貝槐園（直文の弟）などが名を連ねていた。

その頃猪之吉は、寄宿先の梶浦が官吏を辞し鉱山技師として松山に赴任したため、本郷・東片町の正念寺（桜観音）に移り自炊していた。直文の家は近所にあり、文学に興味がある猪之吉はしばしば彼のもとを訪れるようになる。猪之吉は、当時の様子をこう振り返っている。

「ある雨のひどく降る日に先生は突然桜観音を訪ねて来られた。住持に逢はれて親しく自分のためにお礼を述べられ、そして自分に、毎月学費を補助するからしっかり勉強したまへといはれた。自分は一の苦学生であった。高等中学（旧制一高）時代に満足な靴を履いたことが無かった。靴は底ばかりでなしに横の縫い目もぱくぱくにほころびて雨の降る日等は中につめてある古新聞紙がじくじく濡れて、先生の畳を汚したこともしばしばある。大学の在学中も制服を作ったことも無かった。卒業式の時に制服がいるといふので、文科の近角常観君の制服の襟章に『L』の付いたのを借着して漸くすませたのだ。もしも先生の補助がなかったら今日はなかった」

落合の援助と知遇を得、「浅香社」に加わり作歌を志すようになった猪之吉。そして落合の手掛ける国語辞典『言葉の泉』の編集の手伝いなどをして学費の補助に当てながら、学業にも注力し、明治29（1896）年7月旧制一高を卒業、東大医学部に3番の成績で入学した。

3. 医師として

患者に対しては柔らかい調子で笑いながら懇切丁寧で行き届いた説明をし、同情心に富んでいた。患者一人一人に愛情をこめて診察、手術にあたり、同時に手術の腕は精密で速く、根気強かった猪之吉。一方、手術や診察時の手厳しさは大したもので、細かいことに大変よく気が付き、手術助手、看護婦らの手落ちに対しては仮借なかったようだ。そのため、猪之吉の診察、手術の助手に付くのは大役で、誰もが緊張で汗だくになった。

病院での臨床実習後には医局員の教育が始まり、抜け出したりする者がいれば「図書室の本は夜(何時)でも読めるが僕の診察はこの時間だけだよ」と説いた。しかし、患者の経過が悪くても医局員を責めることはなかった。日頃が厳格で、かつ神経質な猪之吉であったが、責任は全て彼自身がとり、その態度に医局員は心服していた。

猪之吉の臨床の腕を頼りに、診察を受けるため遠方から訪れた有名人も多くいる。喉頭結核で夏目漱石の紹介状を持って茨城からはるばる受診した歌人・長塚節をはじめ、倉田百三などはよく知られているところだ。

ある時、老齢で耳が遠くなった患者が診察を受けるために来院した。かの自由党初代総理(党首)・板垣退助である。診察を終えた猪之吉は開口一番「この耳はダメだな。歳が歳だから」とひとこと。それに対し板垣は大きな声で「バカを言うな。俺には昨年子供ができた。まだ若い」と反発。猪之吉はすかさず「それは最後に老化するところだ」と返した。板垣は「うーむ」と唸るのみ。このやりとりを見た周囲から「さすがイノ・クボ」と笑いが起こったという逸話が残っている。

日頃の猪之吉の診察は学問的にきわめて精緻で、何人にも懇切丁寧、温かかったといわれている。板垣退助は猪之吉の叔父・信六郎と親しい仲だった。前述の2人のやりとりは、後人による誇張された作話という趣もあるが、おそらく、維新から続く激動の時代を乗り越えた、明治の人らしい豪放快活な雰囲気の中での会話だったのであろう。しかし、板垣といえば戊辰戦争で二本松を攻めた官軍の総大将。その人物を前に、猪之吉の胸中には複雑なものが去来したことだろうと思われる。

猪之吉と同様に、医学者あるいは臨床医にして文学方面でも名を成した人物は、歴史の中でも多く見られる。日本では小児科医でもあった国学者・本居宣長、ドイツではゲーテの友人・シラーが知られているが、現代においても比重はそれぞれながら、医学と文学、双方で名を成した者も多い。

猪之吉は『医学と文芸と』の中で医者と文学者を兼ねている多くの例を挙げ、医者と文学の上には密接な関係があるのではないかと述べている。確かに、医師つまり医学の対象とするものは人間であり、精神と心を持つ生物であって、機械ではない。学問としての医学を極め、病に苦しむ人を助け、治療をすべく患者に対する時、高度の医療技術の習得と共に、いのちとは何か、心とは何か、という人間の本質に思いを馳せる素養が必要となる。それが哲学であり文学であると思われる。真の医者（真医）を目指さんとする医師の通る道だ。

しかし猪之吉はというと、医師になってから文学に志したのではない。中学の頃から文才は現れており、それは年を経るごとに顕著になり、医学生の頃に一つの頂点を極めた。多忙のための中断こそあったが、医師になっても、晩年までその傾向は衰えなかった。ただし、文学に比べて医学に費やされた時間やエネルギーは大きく、業績は莫大で、広く世界的なものだった。ここで、猪之吉と同時代に医師・学者かつ文学者として名を成した、森鷗外、木下杢太郎、斎藤茂吉の3名を挙げて比較してみたい。年齢差は少しずつあるが、いずれも東京帝国大学医学部卒業である。

—森鷗外

夏目漱石と共に文豪として知られる森鷗外は軍医であり、それもエリートとして経歴を積み、軍医として最高位の軍医総監（中将に相当）・内務省医務局長を極めた。文学者としても、文豪といわれるほど知的好奇心に満ちた膨大な著書を残している。職種的には政府高官に属し、公衆衛生や軍医制度や政策立案に関与するものだったため、直接患者に向き合う臨床医としての側面は少ない。しかも、医学的に失敗例とされる「脚気」原因論争で陸軍代表として細菌説を支持し、海軍軍医・高木兼寛の兵食説に敗れた。

―木下杢太郎

木下杢太郎（本名・太田正雄）は旧制一高時代から文芸に親しみ、東京帝国大学医学部時代に『明星』の同人となって与謝野鉄幹、北原白秋、吉井勇、平野万里らと九州北部の天草を探訪した紀行文『五足の靴』で知られている。南蛮情緒、切支丹趣味の耽美的詩人として活躍したが、大学卒業後は東京帝国大学皮膚科の高名な土肥慶蔵教授に師事し「らい病」「粘菌」を研究。のちフランスへ留学し、名古屋大学や東北大学の教授を経て東京大学の教授となった。留学中や教授時代も詩作を中心に小説、美術史、切支丹研究、劇作など多くの著作を残している。生涯を通して比重が大きいのは文学者としての面である。

―斎藤茂吉

斎藤茂吉は精神科医だが、医者というよりは歌人でありすぎた。長崎医学専門学校の教授を辞めフランスへ留学したが、学者として医学の研究には身が入らず、実験もおざなりで結果も芳しくない。その上、身辺多事。家庭では妻との折り合いが悪く、しばしば問題が生じており、また戦争による山形への疎開や、空襲で被災した青山脳病院の再建時にも様々な困難が起こり、経営者としても苦労した。

率直だが激しやすいという性格で、生涯において家庭、女性、性欲の問題で悩み、それらを和歌にもあからさまに表現していた。これらの感性は人間としての共通する悩みであり共感する者も多く、文学的に成功した。短歌界の巨人と評される一方、その性格と知識は臨床医として、心を病める者の救済に役立ったという側面もある。

医学は大まかな分類で内科系と外科系に分けられ、一概にはいえないが、内科が思索を中心とするのに対し、素早い決断力と長時間の緊張と肉体労働を伴う手術が治療手段になることが多いのが外科系だ。また、双方にわたり、研究という実験と思索を専らにする者や時期がある。専門科を選択するのは個人の意思である。

鷗外、杢太郎、茂吉が内科系の医師だったのに対し、外科系の医師だった猪之吉には、必然的に思索を専らにする時間が限られていた。与謝野鉄幹が『明星』の「思い出」の中で「柴舟、信綱、躬治、薫園のうちで猪之吉が、最も上手だった」と褒めたように、文学的才能はあるものの発表された作品数が少なく、文学を職業として広く世間に発信するには物足りない。その文学は、猪之吉にとって情緒や心の安らぎを与えてくれる、あくまでも趣味の域に止まるものだった、と思われる。

猪之吉の本領は、あくまでも医学だった。研究による医学の進歩、及びそれによってもたらされる病気の治癒であり、患者とその家族の喜びである。猪之吉自身の目指すところが、黎明期の日本や世界の耳鼻咽喉科学の進歩であり、成果は地元から日本全国へ、ひいては世界への普及であると自覚していたことだろう。

その中で文学や哲学は、医学の根幹をなす大きな要素として、医師や医学生に伝えたかったのではないか。そして、文化的成熟度がまだ遅れていた福岡、ひいては九州に、いくばくかの貢献を願ったのではないだろうかと思われる。

4. 教育者、学者として

「諸君、勉強したまえ！」

「諸君は在局中少なくとも一編の論文を書き残してほしい。単に名簿に名前が残るだけで満足してはならぬ」

「医者の患者に対する態度はただ愛です」

「診断には第一印象（診断）を大切にせよ」

「小さな事が出来る者でなくては大事を成し遂げることは出来ぬ」

「患者が退院を希望するのには二つ原因がある。一つは金がない時、一つは医者を信用しない時だ。患者が何を希望しているか解らないようでは真の医者ではない」


これらは猪之吉が実際に言ったとされる言葉だ。じつに名言といえる。弟子の先頭に立ってドンドン歩き、弟子たちは付いていくのに苦労した。研究も講義も地方会の講習もと次から次に行ない、休みなく働く一方で、教室員たちへの目配り気配りも怠らなかった。日頃の労をねぎらい、秋には教室員全員を招待した沙魚《はぜ》釣りや芋ほりを催したそうだ。教室員たちはそんな猪之吉を敬慕し、正月にはそろって猪之吉宅に新年の挨拶に行くのが恒例となっていた。

5. 管理者、政治的手腕

猪之吉はものごとに取り掛かる際、漫然と行なうことはなく、何事も周到な準備の下に細心の注意を払って遂行する人だった。図書や資料の整理整頓も行き届いていた。また、性質の異なる仕事を次々と正確にこなしながら完成させていくため、周囲にサポートする人材を大勢雇っていた。レントゲン技師の林（帳簿整理と挿絵図師を兼務）、写真技師の天野、欧文タイピスト、和文タイピスト、3名の培養方、使い番、耳鼻咽喉科直属の磨工場（医療器械製作・修理所）にも3名。各人が毎日忙しく働くだけの仕事を考える頭脳には感嘆させられるが、費用捻出をどうしていたのかは不明である。

6. 門弟たちの言葉

―山川強四郎（門弟、のち大阪大学耳鼻科教授）

「先生は間口の恐ろしく広い方であった。耳鼻咽喉科の偉大な研究家であり臨床家・教育者であったことは周知の通りだが、文学や和歌に堪能でより江夫人と俳句をよくされた。また政治的手腕も立派であり、社交家で医学関係は勿論芸術家や実業界の一流の人で先生を知らない人は少ない。間口が広いとともに奥行きが深いのだろう」

―大藤敏三（門弟、のち日本医科大学教授）

「科学界に身を置く理知的冷厳さの中に、その人柄の優雅さと柔軟さを秘めていた」

―同門会誌（四三会誌）に寄せられた猪之吉への追悼から

「門弟一人一人に細かい気配り。教室員の子供が火傷をして入院中〝玩具の汽車〟をもって見舞い。経済的困窮者には自前でしばしば援助をした」

「教室員が開業に際し、在局（勤務）期間が短い者が退局（辞職）する際にも、それぞれに謝礼の言葉、近隣医師への紹介名刺・俳句・色紙を持たせた。遠方開業・海外赴任者には安否を問い激励のハガキ・手紙を度々出した」

「人の欠点を言わなかった。談笑中、人の噂が話題になると只笑っていた。そして〝人には長所と欠点がある。長所のみ見ていればいい〟と」

―**稲田龍吉（旧制一高時代からの友人、内科医、九大教授のち東大教授）**

「一言でいえば科学的推理力が優秀でその冷静な科学に、温かい詩人的な情緒と哲学的認識を具備している偉人である」

―**小野譲（慶應義塾大学教授、気管食道科の大家、共に気管食道学の発展につくした）**

「優雅の中にも秋霜烈日の武士の血が流れている」

7. 愛国者

猪之吉は「世界のイノ・クボ」といわれるだけに西洋好きだった。フロックコートに山高帽、洋傘、ハイカラーなど洋装は大阪の専門店で仕入れるというこだわりようで、正月には医局員を集めてフランスから輸入したシェリー酒を供したり、春には自宅の芝生庭で医局員やその家族のために園遊会を催したりもした。

夏季休暇は雲仙温泉の九州ホテルを定宿にし、1ヶ月間ほど長期滞在。著作や雑誌編集と共に、ゴルフや昆虫採集といった洋風の趣味も楽しんだそうだ。秋には博多湾に面した奈多の海岸で教室員とその家族を交えた沙魚釣りと芋掘りを恒例としていた。

しかし彼は、単なる西洋好きではなかった。当時の指導的な日本人に共通したように、母国日本の西洋に劣る部門、西洋の良いところを認め、積極的に取り入れながら、日本人の魂を内に秘め門弟や学生にそれを示したのである。それは留学中に勃発した日露戦争に対する感想に見られるような、強い愛国心のあらわれであり、また海外の学会での数多くの講演や大学・研究所でも熱心で詳細な観察として評された。その結果は母国の患者たちへの献身的な治療と巧みな手術、学術研究、論文、著作へとかたちを変え、学会発表や開業医たちへの講習会などによって普及された。また、門弟育成や学生たちへの講義や教育となって還元もされた。

留学中や海外旅行中に日本人、東洋人として差別や軽蔑をうけることもあったようだが、常に日本人としての誇りを持って毅然とした態度で主張し、明るく振る舞った。

「常に世界を相手とし、世界における日本学術の地位高からしめようと努力した。また独創性を重視し一流一派の祖である人の隠れた業績を明らかにするとともに、自らもまた、一山の開祖であろうとした。強烈なナショナリストであるとともに国際主義者だった（久保龍「西陲のあか星」）」という評が的を射ている。

明治37（1904）年2月から明治38（1905）年9月という日露戦争の期間は、猪之吉の留学時期と重なっている。猪之吉の身は外国にあって、遠くから祖国の危機に気をもむ状況となった。猪之吉は現地の様相と様々な感想を残しているが、なかなか興味深い内容だ。明治38（1905）年1月1日、『新公論』へ寄稿されたものを抄訳する。

「日露戦争の勃発した翌朝キリアン教授に会った。教授は耳元でいよいよ日本は武力に訴えた。君のため喜ぶべきか悲しむべきか解らないと言い、同僚たちは皆、日本が勝つことを祈っているが、結局、台湾を取られることになる、日本の自滅だと、誰一人日本の勝利を予測する者はいない、心細いことだ」

「しかし自分は心中これらの批評を冷笑し、日本人の忠君愛国心はそんなに脆いものでなく戦闘でも負けるものではないと自信を持って言える。ドイツのような軍事国ですら軍人の武器は進歩しているが、高尚な装飾品に過ぎず、踊りが上手く、歌が上手く、女を弄ぶのが上手く、果たして戦場で命をかけて戦えるのか、今のドイツ軍人は疑問だ」

「果然、日本の勝利が日を経るに従い確実になってくると、ロシアのやり方が如何に子供っぽく、大人気ないことかが分かり、日本のために悲しんだ者は喜び、侮っていた者は驚いた。特に著しいのが新聞の論調で、先には日本人のことはどれもこれも信用しなかったものが、今はロシアの報告は全て疑問符をつけて掲載している」

「更に著しいのは絵葉書の変化である。初めは日本を小さくロシアを大きく書き、蟷螂の斧に向かうように諷したのが今日はロシアを軽蔑したものばかり、例を挙げれば日本人が一鞭で白熊を自由に操るとか、ロシア人が鉄鍋に吊るされ下より火攻めにあっている図（日本軍が二〇三高地を占領し後方から旅順港砲撃を意味する）である」

「更に興味深く自分が快哉を叫んだのは、戦争地図の変遷で、開戦当時の出版社はみな日本の必敗を予想しロシア軍の進攻を疑わず戦闘地図を日本沿岸と朝鮮のみ製造し、特に東京湾・長崎・佐世保・函館は精細な特別地図を付記していた。旅順が落ち、ウラジオ艦隊が撃沈され、北へ北へと逃走したためこの地図は全く役に立たず大損したようだ。この事でドイツ人が始め如何に日本を見くびっていたかが知れる」

「日本海海戦の号外を手にした時はワイナハテンの祭りの日、先生は握手して喜んでくれ、料理屋では『トルーベード！　トルーベード！』と言って胴上げされた」

当時の日本の国際的地位の低さと孤立感がある中、猪之吉個人としては同僚に愛されていたようで、戦勝の喜び、安堵感を率直に表している。

郷里の福島民友新聞に明治37（１９０４）年9月28～30日の3日連続で「独逸たより」と題された猪之吉の寄稿がある。フランクフルトの新聞に掲載された記事「日本軍人の処刑にさいして」では、その堂々たる様子が国際社会の称賛を受けていることに愛国心を吐露し、感動と、今後も教育が重要であることなどを述べている。

時が経ち、再び得体のしれない戦争の影が近づいている昭和8（１９３３）年、猪之吉はいくつかの愛国心に溢れた作歌をしている。

「我ひとりおほやけ腹をたてむとも　かひ無きものと知りはしりつつ」
「まめやかにくすしの道はふめれども　世の行末を思ひみだるる」
「一大事せまるが如し花鳥を　うたひて遊ぶ時とおもふな」
「吾叫ぶ正しき声に従ひて　世界の動く其時やいつ」

8. ベゴニア・蝶採集、ゴルフ、雲仙

猪之吉の趣味は文学だけではなかった。東公園近くの自宅で当時は珍しいベゴニアを何種も育て鑑賞していた。部屋にも玄関にも植木鉢が奇麗に並べられ、それを写真に撮ってアルバムを作った猪之吉。写真も趣味のひとつだった。また、ベゴニアの油絵も玄関にかけられていた。

蝶の採集にも熱心で、遠方に行く時は採集網を携行したそうだ。伯耆大山で500匹採った時のエッセイや、出雲大社の前で網を振っている写真も残っている。海外出張にも網を携行し、ヴェスヴィオ山、欧州ブルガリア、帰りの船が寄港するコロンボ、満州の

二〇三高地出張などのおりに珍種を求めて網を振り、門弟の香宗我部(北海道帝国大学教授)には、エゾシロチョウの採集の依頼もしている。

その趣味が高じた結果、なんと、ついに大山では新種を発見し「クボウラミスジシジミ」と命名された。採集だけではなく、卵を見つけ食草を探し飼育、孵化までの観察記録を取るという徹底ぶりで、そのため自宅には温度と湿度管理が必要な研究室が作られていた。それらの標本は上野の国立科学博物館に保管されているそうだ。蝶採集にのめりこんだのは、雲仙からの帰路にツマグロヒョウモン蝶を帽子で捕えたのがきっかけだった。

蝶の採集の折に出雲大社にて
(大正9年7月)

蝶類研究室

雲仙ゴルフ場にて

長門峡にて（中央：久保猪之吉）
大正 12 年 11 月
蝶採取の白い網が見える

こんなエピソードも伝わっている。

「残暑の厳しい午後、耳鼻科外来の中庭に1匹の蝶が舞い降りてきた。久保教授は捕虫網を持って追いかけ、高く揚がると近くにいた若い教室員に網を渡し『君！　君！　木に登って取り給え』と大声をだされ、網を持って呆然と空高く舞う蝶を見上げる教室員に深い感銘を与えた」

雲仙温泉には夏季休暇で毎年1ヶ月ほど滞在し、日頃多忙な心身の休養目的で蝶採集とゴルフに興じて過ごした。定宿は九州ホテルだった。同時に月刊『耳鼻咽喉科』『日本耳鼻咽喉科全書』の原稿も多量に持ち込まれ、より江夫人共々校正に励まれたそうだ。海外出張中は美術館巡りに熱心で、絵画への造詣も深かった猪之吉。自分の肖像画は有名な大家ではなく、渡欧中の船内で知り合った若い医師で、画家の鈴木良三に依頼している。

9. 親族たち

猪之吉のきょうだいは異母弟・護躬《もりみ》と異母妹・キクの二人。猪之吉は福島の小・中学生時代、弟を背に負いながら家事や勉学に励んだ。大学を卒業し医師となった猪之吉は弟を福島から呼び寄せ、中学に通わせて勉学を援助した。護躬はさらに金沢の旧制第四高等学校を経て東京帝国大学医学部を卒業。卒業後、兄の猪之吉が主宰する九州帝国大学耳鼻咽喉科教室に入局。のち同助教授を経て、金沢医科大学の教授となり、次いで昭和4(1929)年には千葉医科大学教授に就任。昭和37(1962)年逝去した。

異母妹・キクも女学校に通わせ、のちに福岡に呼び寄せて同居した。キクは大正4(1915)年、九州帝国大学耳鼻咽喉科医師で佐賀県・唐津出身の掛下玉男と結婚。のち掛下は東京鉄道病院耳鼻科医長を経て東京女子医専教授となった。

猪之吉は父母にも孝養を尽くした。弟・護躬が結婚する時、父・常保が叔母と共に福岡へ来訪した際には、より江と共に歓待。常保が大正4年に逝去後、郷里・福島の実家が見える山麓の寺に父・常保、先に没した継母・ミツ、後妻・キリの墓を作り、墓碑に3名の、当時としては稀な、位の高い「院殿号」がついた戒名を彫り、深い感謝の気持ちを示している。

生母コウは再婚して姓は東條に変わり、猪之吉の異父弟にあたる幹文を産んだ。猪之吉は入院中に一度、幹文に会っている。その時かどうかは不明だが、幹文は猪之吉から4点の品物を貰った。一つは「久保猪之吉写真帳」で表紙には「愛弟東條幹文君へ」と書かれ、もう一つは猪之吉が天皇陛下に御進講した時、皇后陛下から賜った女物の毛皮の襟巻だった。襟巻は幹文の妻が身に着け大切にした。3点目は猪之吉が着用していた、大島のアンサンブル。4点目もまた皇后陛下から賜った、白絹の羽織生地一反だった。

東條家では猪之吉の母方への思いと、より江夫人の立派さに感激した由を述べている（幹文の孫・大谷一代氏の手紙より）。

西下の父と叔母、妹の掛下キクと（大正４年４月）

叔父・小此木信六郎一家と（大正８年４月４日）

第11章　晩年の久保夫妻

1．還暦祝賀会・九州帝国大学退官

昭和9（1934）年12月「久保教授還暦祝賀会」が行なわれた。学内外から300名を超える出席者があり、教室員の希望により、より江と妹家族も列席した。

還暦を迎える、ということは九州帝国大学を定年退官することであり、猪之吉本人はもちろん、妻であるより江、大学当局、教室員たちにとっても大きな出来事だった。祝辞の中で当時の九州帝国大学総長・松浦鎮次郎は本学医学部創始以来30年の功績を謝し「九州帝大耳鼻科の久保といえば知らない人はいない、しかも専門以外に歌人・文学者としても高名であるが、論理的頭脳は法律家として大を為すに十分で、事務的組織的能力は行政家としても十分、政治家としても日頃から見識があり十分業績を上げられたであろう。しかし天の配剤は先生を最適の方面に発揮させ、医学界の最高峰へと導かれた」という言葉を贈った。

次いで小野寺直助医学部長は、月刊医学雑誌『耳鼻咽喉科』の創刊と、大著『日本耳鼻咽喉科全書』編集の功績をあげ、また世界での活躍、300名を超える門弟を育て多くの

久保教授還暦祝賀会　於・一方亭（昭和９年12月）

教授を輩出し、病院長時には生の松原分院を創設した功績を列挙。問田亮次病院長は「設備の貧弱な手術場と少ない医局員で九州帝国大学の、日本の耳鼻咽喉科を世界に燦然と輝かせた功績は大きい。久保先生の高潔な人格は学内外で敬慕してやまない」と述べた。

学生代表で学友会理事の伊藤博は、開学以来、学友会会長・出版部長として長年にわたり公務多忙の中、多くの時間を学生の指導、特に医科大学雑誌「九大医報」の編集に割いてくれた久保の献身に謝辞を贈った。

2. 海外の友人たちから論文集

祝賀会の記念品として「海外の友人学者からの寄稿による論文集」と「久保教授胸像（朝倉文夫作）」が

贈呈された。祝賀論文集は教授の友人である欧米諸学者の外国語論文のみで出版。48篇（欧米16国に渉る）の論文が寄せられた。ドイツ16篇、デンマーク5篇、ウンガルン（ハンガリー）4篇、アメリカ3篇、ソビエト3篇、イギリス2篇、イタリア2篇、オーストリア2篇、オランダ2篇、スイス2篇、チェコ2篇、スウェーデン1篇、トルコ1篇、ブルガリア1篇、カナダ1篇、パレスチナ1篇、国語としてはドイツ語37、英語8、フランス語2、イタリア語1の割合で、残念ながら、寄稿を約束していた鼻科の大家・デンケル教授は病気のため執筆できなかった。

久保記念館前にある、
久保教授胸像
（カラーグラビア有り）

久保教授胸像除幕式は記念式に引き続いて行なわれた。胸像設置場所は久保記念館前で、10月から台座の基礎工事と周囲の植え込み樹木の剪定採取を行ない、11月に完成胸像の設置が完了。猪之吉が希望したとおり泰山木、貝塚檜、ヒマラヤ杉、金木犀、山茶花（月桂樹は若木で除く）などの樹木が胸像を囲んでいた。当日は神事の後、妹・キクの娘で猪之吉の姪にあたる令嬢の手で除幕式を執り行ない、厳粛な雰囲気の中に見事な胸像が現れ、参加者は大いに感動した。

　これに対して猪之吉は以下のような主旨の答辞を述べている。

「多くの方々からお祝いの言葉をいただいたが、私個人のお褒めの言葉はみな当たらない。今日は妻はじめ身内までお招き頂きましたこと、心づくしの数々の記念品を下さったことに有り難く感謝したい。論文集は海外の友人たちによって出来上がったのは嬉しく、また、胸像は間もなく講壇を去るので有り難い。自分は33歳から60歳まで九大にお世話になり、最も元気な最高潮のエネルギーを使わせていただいた。同僚の皆さんの援助と門弟諸君の努力で「日本の耳鼻咽喉科ここにあり」と世界に知らせた。私どもには子供がない。かつて『ゲーテ伝』を読んで「天才のこの世に下るのは子孫繁殖の為にあらず、その事業自体が子孫である」に深く感激した。私は天才ではないが妻とも共鳴し何か仕事をしようと決心した。

　今日この席に連なることが出来なかった門弟諸君やすでに幽明界を異にしている人々、文学界では落合直文先生、専門学ではサー・フェリックス・ゼモンおよびキリアン先生、私をこの専門界に導き入れてくれた叔父・小此木信六郎と喜びを分かち合えないのが残念です」

この式典で、より江には「久保教授夫人より江様には、他の教室と少し違って陰に日向にさまざまお世話になっている感謝の気持ちとして」の言葉を添えて、四三会（同門会）より贈呈品を用意。ラジオ兼用蓄音器でクラシック曲を7組（ブラームス、ショパン、ベートーヴェン、モーツァルト、ラヴェル）と、邦楽を3組（長唄、義太夫）があわせて贈られた。

3．最終講義「臨床家に必要なる要素」

昭和9（1934）年12月13日、九州帝国大学医学部の学生が主催する、猪之吉の最終講義が開催された。当日の参会者は松浦総長はじめ医学部各科の名誉教授、教授、医局員、ほか九州帝国大学の他学部教授、そして学生たちで、講堂には人が入りきれず場外に溢れてしまい、会場をふたつに分けて放送装置を備えて行なわれた。「臨床医家に必要なる要素・附患者及び標本供覧」と題した猪之吉の講義は、現在では考えられない規模と形態だった。以下が、その要約である。

―最終講義「臨床医家に必要なる要素」要旨

1. 28年間の外来患者13万3539名、入院患者1万6941名、手術4万2872例
2. 患者を診察するにあたって重要なこと第一、研究的態度・真理を追究する、何処までも治すという気持ちが重要。第二、患者を診て惻隠の心を起こす。フーフェランドの医戒（杉田玄白翻訳）「病めるものを見て救わんと欲する情意、すなわち医術のよって起こる處なり」
3. 患者供覧
①上顎洞性後鼻孔ポリープの発見
②口蓋裂患者の手術後結果（音声学的リハビリ効果）
③気管支異物患者の直達鏡下摘出

最終講義（九大病院耳鼻咽喉科講堂）

④喉頭癌患者の診断と治療
⑤⑥⑦喉頭摘出後食道発声

4．学生諸君、学問に対して忠実で、患者に対して熱情を注ぎ同情を以て処置する事を切に希望する。

4．同行二人　草紅葉

「同行二人　より江
もうあと三度ですね

いつか恒例の奈多の沙魚つりで同船のTさんに何気なしに私がそういったら「ハア」と変な顔をなすったことがある。その最後の沙魚釣りも10月17日と21日とにあっけなくすんでしまった。お弁当を開く場所にきまってゐる「雁の巣」も来年は飛行場と姿を変へると聞く。そのあとの慌ただしさ、全書も雑誌もやむを得ぬ当面のしごとだけにとどめて、ただひたすらに28年間の総決算に急いでゐる。

かへりみる径幾すぢや草紅葉　より江

来しかたや同行二人遍路笠　より江

しかし過去ばかり追憶するには主人も私もまだ早い気がする。たとへ教室は離れても四三会の皆様とのご縁は勿論切れないであらうし、健康の許す限り仕事もしつづけていく覚悟である。

わが生の行路新たなり草紅葉　ゐの吉

つまりいつまでも夢を失なはないのが私たちなのであらう」

猪之吉・より江夫妻には子供がなかった。猪之吉が子のない感懐を託した詩一篇と俳句、短歌を載せておこう。

――詩

児

をのこ生るるものならば

父にまさりてかしこくて

世をおどろかす秀才たれ
女の児生るるものならば
母にまさりて美しく
人の羨む淑女たれ

男のこ生まれて才鈍く
女の児生まれて醜くば
何のなやみかまさらむや

脳を堪えてあらむより
なやみに負けて死なむより
児といふものは無くてあらまし

―俳句

「子無き身の心安さよ旅の月」

―短歌

「生ひたちし月桂樹よりも貴けれ　吾はぐくみし弟子の数々」

昭和10（1935）年12月、猪之吉はフランス政府から「レジオン・ドヌール勲章」を受章。猪之吉はこの少し前から歌人・大隈言道とその弟子・野村望東尼の研究をしていた。

言道は幕末の頃、筑前（福岡）に生まれた歌人で、福井の橘曙覧《たちばなあけみ》と共に近代和歌への道を開いたと評価されている。歌人・佐佐木信綱が明治31（1898）年、東京・神田の古書店で言道の歌集『草径集』を発見し、その斬新さに驚き広く紹介してから注目を集め、研究するものが出てきた。特に弟子が多い地元の福岡ではその一番弟子である勤王の女傑・野村望東尼と共に研究対象にするものが現れた。猪之吉もその一人で、数編の著作を出している。言道の墓地がある薬院の上人橋通り（現・福岡市中央区警固）、香正寺の墓を囲む玉垣に信綱や茂吉に並んで猪之吉の名が記されている。

東京・聖路加病院耳鼻咽喉科スタッフと共に。中央に久保猪之吉

一方、猪之吉・より江夫妻にとって昭和8（1933）年に着手した11巻の大著、日本初の『日本耳鼻咽喉科全書』の完結が迫っており、編集・校正の仕事は続いた。今後の生活拠点は弟の護躬や妹夫妻が近く住み、四三会のメンバーも多い東京に移すことに決め、月間『耳鼻咽喉科』の編集部も東京に移した上で継続。赤坂門の自宅は門弟の曽田共助が買い取ることになった。

東京での医師としての仕事は聖路加病院の顧問だった。診療や手術をやりながら学会活動もできるというもので、「まだ頑張るぞ！」という猪之吉・より江夫妻の静かな気合が伝わる。

「わが生の行路新たなり草紅葉」　ゐの吉

昭和10（1935）年2月、九州帝国大学を定年退官。2月14日に正三位に叙された。5月付けで九州帝国大学名誉教授となり、6月26日、久保名誉教授聖路加病院顧問就任送別会がとり行なわれた。猪之吉・より江夫妻は28日に、30年近くの長きにわたって住み慣れた福岡の地を離れ、新たな活動の地、東京に向かって出発。新しい居宅は、当時の東京市麻布区笄《こうがい》町4番地に構えた。

5. 東京の久保猪之吉とより江

聖路加病院への出勤は昭和10（1935）年5月29日。就任が決まってからは、聖路加病院の畑医師と滝野医師の二人が中心となって、診療の準備が急ピッチで進められていた。耳鼻科医師スタッフは8～9名で、外来器械の新調から診察・手術器械の追加などの環境を整備。外来診察日は月・水・金の午後1時から3時までだが、それに手術が加わる。

第1号の患者は急性前頭洞炎の外国人女性で、手術第1号は上顎癌だった。以来8～9月の夏季休暇と、昭和11（1936）年5月から9月にかけての九州旅行を除き、猪之吉は元気に勤務していた。患者は外国人が多く、腫瘍患者も直達検査も集まった。猪之吉は東京女子医専で鼻腔黒色腫の手術をし、地方会や集談会にも出席していたが、夜の会には出なかった。

昭和13（1938）年2月4日、外国人を含む17名の患者を診察。猪之吉に普段と変わった様子はなかったが、翌日から風邪気味になり休診。回復を見ず自宅療養に入ったため、それが猪之吉の最後の診察になった。

上京後、猪之吉・より江夫妻が詠んだ歌と句を紹介したい。

――春日望郷　　ゐの吉

「故郷の荒れたる庭に咲きにけむ　春やむかしの山さくら花」（福島）

「我植ゑし庭のさくらを別れ来て　みやこずまひも旅心かな」（東京）

「さくら咲く庭に向ひて書を読みし　大学の窓寄りなれし窓」（福岡）

――西東《にしひがし》　　より江

「移り棲んで都に木の実拾ふ身か」

「すこやかに春を待たうよ西ひがし」
「ラジオ楽しけふは博多の花便り」

猪之吉はその後、2年越しの自宅療養生活を送ることになった。より江の随筆「雷のごとく」を要約しながら経過を追ってみる。

（猪之吉は）平常から病気を悲観しない性質だった。安静にしていたら必ず治る自信があった。事実、明治43（1910）年の唐津での肋膜炎以来、大患と名付けて良いもの3度、風邪程度は数知れず。いつもケロリと治った。そのかわり極度の養生家であった。今回も稲田先生（稲田龍吉、東京帝国大学内科教授、旧制一高から東京帝国大学および九州帝国大学教授時代を通しての大親友）に往診願うと「風邪ではない、相当長引く」という。本人は満足した。

稲田君はよく分かっている。食事も薬も自由にしてよいが、決して無理に勧めるな。自然療法がいい。歩くことを勧める。

訪問者が来て親切に様々な新薬を勧めたが、これには強すぎると言って断った。

俺の病気は30年来のものだから、今更療養しても全快はしない。年も取った。生きている内に残った仕事を出来るだけ片付ける。そう言ってきかなかった。

今度、誕生日に生きていたら写真を撮ろうなと言った。自叙伝を書きたい気があったらしく、よく幼い頃の話をした。よく導いてくれる人、惜しみなく与えてくれる人だった。社交家のように言われたが反対だ。健康を気づかって外出もしなかった。訪問は気が進まないが、あてのない散歩は好きだった。ドライブも好きで、神宮外苑をゆるやかに廻った。アンニャモンニャの樹（ヒトツバタゴ＝一般的にはナンジャモンジャの樹と呼ばれる）を教えてくれた。

10月末、医学輯報と全書と雑誌名検索の校正が済んだ。11月になって浮腫が来て尿が減ったので、稲田先生とお弟子の医師が往診にきた。11日夜中に大声をあげたので声をかけるといい夢だったのにと言った。

12日、明日の目覚めを楽しんで飲んだ初めての睡眠剤の為か、かりそめの眠りは遂に醒めなかった。昭和14年11月12日12時50分、安らかな寝顔だった。享年66。

枕頭の机の上には近着の『ミュンヘン医事新報』が、読みさしのまま広げられていたそうだ。

久保猪之吉の胸像と夫妻の墓碑（東京・青山霊園）

猪之吉の葬儀は14日、芝増上寺で行なわれ、多くの門弟たちに見守られて、遺骨は青山墓地に埋葬された。法名は「慈明院殿光誉仁道文昭居士」。正三位旭日重光章が授与されている。

残されたより江は、残務の業績整理や句作をしながら静かに暮らした。福岡で暮らしていた時以来、猫が好きで、東京でも数匹の猫を育てていたが、昭和15（1940）年1月、猫が燈明を倒して火災を起こし、自宅が全焼。より江は無事だったが、その後脳梗塞を患い、昭和16（1941）年5月11日、57歳で他界した。

葬儀は翌日、雨降る青山斎場で行なわ

れ、福岡より駆け付けた河田政一助教授、笹木教授夫人、松浦元九州帝国大学総長、東京の四三会メンバーたち、聖路加病院関係者らが参列する中、盛大かつ厳粛に行なわれた。喪主は弟・護躬の子息・久保龍。遺骨は猪之吉と同じ墓に埋葬された。

医師、学者として国際的に高名な久保猪之吉の夫人としての傍ら、夫を引き立てつつ多くの内助の功をあげ、また多くの門弟を、わが子のごとく慈しみ励ましたより江の、猪之吉に続くあまりに早い死に対し、門弟たちの感謝と悲しみの気持ちは深かったことだろう。

大礼服姿の久保猪之吉

6．膨大な蔵書の行方

附記

久保猪之吉は蔵書家としても高名だった。その数は洋書２１６４部、和漢書４１６２部、古書６３７８冊、別刷４０５２冊に及んだといわれる。

蔵書は猪之吉が没した直後、自宅が火災に遭い焼失したと伝わっていたが、幸いにして書庫は被災を免れ無事だった。しかし、詳細は不明だが昭和15（１９４０）年２月23から25日、東京図書倶楽部で売り立てられ大半は四散してしまった。

その後、膨大な蔵書の一部が様々なルートを経て、九州大学医学部図書館に収集されていることが「クボ」蔵書印から明らかになっている。

〈巻末付録1〉【医学史の散歩道】

久保猪之吉による日本最初の気管支鏡下・気管支異物摘出

福岡県耳鼻咽喉科専門医会　福耳会ニュース136号掲載
平成25（2013）年5月　日本医史学会会員　柴田浩一

はじめに

日本最初の気管支鏡下・気管支異物の摘出は九州大学初代耳鼻咽喉科教授久保猪之吉によってなされた。明治40（1907）年9月15日、場所は東京帝大病院耳鼻咽喉科手術室、症例は4歳男児、摘出された異物は「太鼓の鋲」であった。これは日本最初の気管支内視鏡による検査・治療となった。

世界の臨床医療の現場をリードする日本の内視鏡の歴史は、ここから始まったといっても過言ではない。

摘出手術が九州・福岡に創設された京都帝国大学・福岡医科大学のドイツ留学から帰国

早々の久保猪之吉教授によって、東京帝大病院手術室で行なわれたという事情もあり、記録や資料が分散し、その詳細は必ずしも広く知られなかった。そこで経緯を明らかにすると共に、内視鏡の歴史を辿ってみることにした。

日本最初の気管支鏡による気管支遺物摘出まで

明治40（1907）年1月、久保猪之吉（以後、猪之吉と略称）はドイツ留学から帰国。同5日、直ちに列車で九州・福岡に向かい、同地に新設された京都帝国大学・福岡医科大学の初代耳鼻咽喉科教授として着任。同2月9日に耳鼻咽喉科講座を開設した。猪之吉33歳であった。

同年8月、最初の夏季休暇を留学前の任地、東京帝国大学耳鼻咽喉科教室訪問と挨拶に充てるため上京した。東大病院を訪問すると恩師の岡田和一郎教授より同院を受診した小児の「気管支異物」患者がいることを知らされ、同児の異物の摘出を依頼された。

猪之吉は明治33年東京大学医科大学を優秀な成績で卒業、同年開講した帝国大学医科大学耳鼻咽喉科教室（開設者：岡田和一郎教授—当時）の最初の学士入局者となり、助手・医局長をへて明治36年ドイツ・フライブルグ大学の鼻科学・咽喉科学の泰斗グスタフ・キリアン教授の下へ留学した。これは帰国後、明治36年3番目の帝国大学として福岡に新設された京都帝大・福岡医科大の初代教授を約束する官費留学であった。キリアン教授は1897年世界で初めて気管支直達検査に成功、その後教室を挙げて手技や器械の開発、研究を盛んに行なっていた。

猪之吉は外国人としては異例の助手として採用され、その才能と勤勉さでたちまち頭角を現し、4年間の留学中「ドクトル・ヘン（小さな賢人）」と呼ばれ欧州の学会で活躍し、「イノ・クボ」と愛称され教授の高弟となった。もっとも最後の1年間はキリアン教授の下を離れ、ウィーンで耳科学や前庭迷路の研究（バラニーの仮説の実験的立証）、オランダで嗅覚の研究も行ない耳鼻・咽喉・気管食道全般に渉る最新の学問を体得、帰国後の耳鼻咽喉科教授としての準備をした。

1897年、キリアンが気管支鏡を発明して、気管支鏡下に気管支異物を摘出するまでは、気管切開を行ない気道刺激により異物が自然に飛び出すのを期待する以外、胸中の異物には手の施し様がなく、死亡率は非常に高かった。気管支鏡検査には上・下の別がある。上気管支鏡検査とは口腔より喉頭を通して管を気管支内に挿入する方法であり、下気管支鏡とは、気管切開口より気管内に挿入する方法である。上気管支鏡は下気管支鏡より手技的にはるかに困難である。理由の第一に喉頭を通過するために挿入が難しい。第二に使用する気管支鏡の径は下法より小径を要す。第三に細く距離的に長いので、光線が深部に到達するのが難しくなる。第四に処置をするのも距離が遠いなどである。一方、気管切開術は16世紀には救命の緊急処置としてすでに行なわれていたが、手技の危険度・管理や外見も勘案すれば最後の手段と考えられていた。

岡田教授から摘出を依頼された時、実は猪之吉はこの機会を待っていた。気管支鏡の手技はまだ開発されたばかりであり、気管支異物の患者は、欧州各地や遠くアメリカからフライブルグのキリアンの下を受診していた状況であった。その「気管支鏡のメッカ」と言われた「キリアン教室」で教授の右腕として活躍した猪之吉の自負は、一刻も早くこの新技術を祖国の患者に施し、且つ広く国内に普及したいと願っていた。その機会を求めて旅行には必ずドイツから持ち帰った最新式の気管支鏡や付属器機一式を携行し、連絡があれば何処にでも行く準備をしていたのである。

直ちに、岡田教授に依頼し、施す術なく一旦自宅に帰していた患児を電報で東大病院に呼びよせた。患児は40℃以上の発熱があり衰弱していた。当時導入されたばかりのX線検査で肺炎の悪化、左肺の異物の位置は不変であることを確認。専門家なら経口挿管手技の困難を克服して上気管支鏡法を第一にし、不成功ならば気管切開やむなしと決断した。

手術は9月15日東大病院耳鼻咽喉科手術場で日本初めての公開手術として行なわれた。岡田教授以下東大耳鼻科助手は見学あるいは助勢として手術台の側にあり、手術室には院内の外科近藤教授はじめ、近隣の耳鼻科医多数の見学があった。

症例と経過の詳細を摘出の翌年（明治41年）報告された論文「気管支内異物ノ上気管支鏡検査ニテ取出シタル一例」（図1）および後年の回顧録から引用し紹介する。

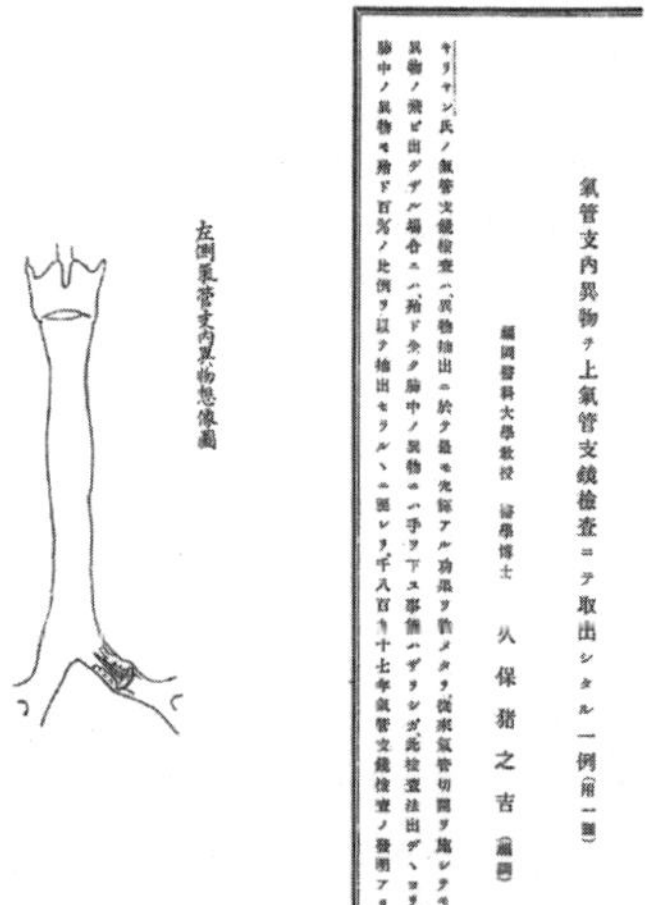

氣管支內異物ヲ上氣管支鏡檢査ニテ取出シタル一例（附一圖）

福岡醫科大學教授　醫學博士　久保猪之吉（編冊）

キリヤン氏ノ氣管支鏡檢査ハ異物摘出ニ於テ最モ光輝アル功果ヲ收メタリ從來氣管切開ヲ施シタル、異物ノ飛ビ出ダザル場合ニハ殆ド肺中ノ異物ニハ手ヲ下ス事能ハザリシガ此檢査法出デ、ヨリ、肺中ノ異物モ殆ド百%ノ比例ヲ以テ摘出セラル、ニ至レリ千八百九十七年氣管支鏡檢査ノ發明アリ

図1　報告論文の抜粋　表題と付図

症例と手術の詳細と経過

症例は4歳の男児、農家の子である。明治40（1907）年3月20日遊んでいて太鼓の鋲を吸引、咳・高熱が2週間持続。5月20日高熱・咳が出たため東大病院耳鼻咽喉科を受

診。外来受診時左下肺葉の呼吸音微弱・水泡音聴取、X線検査にて左肺野に異物、鋲の頭を下にした陰影を確認、38・8℃の発熱あり。保存的治療を行ない、軽快した7月27日一旦退院。術当日（9月15日）来院した患児は40℃以上の熱が持続し、栄養状態不良で、著しく衰弱していた。全身状態に十分注意し気管切開の準備をし全身麻酔、コカイン局所塗布、モルヒネ注射を施し、懸垂頭位にて長さ23cm、直径0.8cmの気管支鏡を挿入、喉頭・気管入口部を経て気管分岐部までは容易に到達した。しかしそれからが難航した。1時間経っても取れない。一人二人と帰る人がある。術者は気が散り焦る。何としても取ろうと気合を入れた（猪之吉談）。その間の状況を上述の論文から抜粋して紹介する。

「気管分岐部に達したり。多量の痰汁掃うに暇なかりき。深部にコカイン液を塗布したけれども咳嗽烈し。」気管内粘膜は紅潮腫脹せり。右気管支は開通せり。左気管支入口部は肉芽及び痰汁にて充たされ、気管支鏡の先端を挿入すれば呼吸杜絶せられて笛声を聞く。肉芽と喀痰のため異物見出しがたし。脈拍微弱となりカンフル2回注射す」

「巻綿子にて操作する間に患者は著しい咳発作を催し米粒大の肉芽を喀出せり。残りの肉芽の中央に黒色の一点として鋲幹を見出しえたり。これを気管支鏡の中に取り込み、切込みを有する扁平異物鉗子にて挟みその緊く挟みたるを確かめ気管支鏡とともに摘出えたり。

かなり抵抗ありたれど出血なし」と2時間かかったが上気管支鏡下に摘出に成功し、気管切開の必要はなかった。

体温は、翌日から3日間37・5℃〜38℃あったが、以後解熱し1週間後の9月21日に退院した。

手を施す術がなく保存的処置のみで長期間経過したため症状は増悪し猪之吉にとっても難しい症例となっていた様だ。

「最後まで残ってご覧いただいた方は直達鏡検査は難しいものではあるけれど取れるものだと理解できたのではないか。キリアン教室にいた時、フランスから患者さんがこられた。キリアン先生が取るとき2時間かかっても取れない。2〜3日かかってようやく取れた。先生は私に〝Das ist Bronchoskopie〟(これが気管支鏡検査というものだ!)といわれた。やり出したら止めてはいけない。明日にしようと思っても患者の状態が悪くなって死ぬこともあり、医師がチャンスを失うこともある。取ろうと思えば取らずにはやまないという精神を持った医者じゃないと技術的にも進歩は

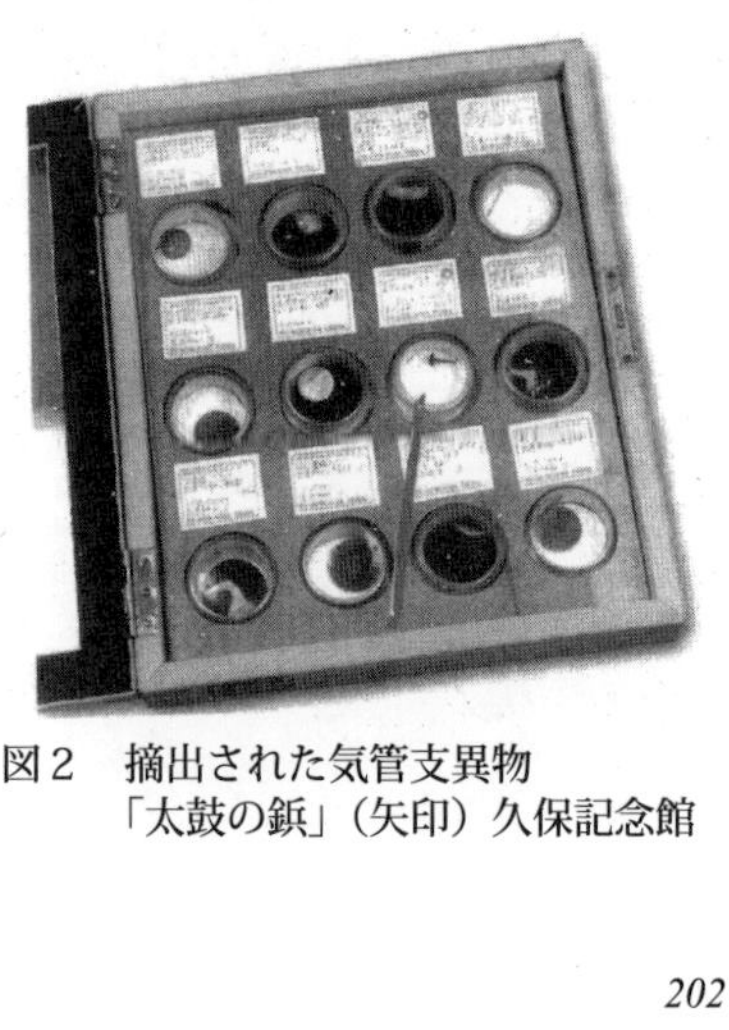

図2　摘出された気管支異物
「太鼓の鋲」(矢印) 久保記念館

しない」と猪之吉は回顧談で述べている。
摘出された異物は鉄製の鋲で頭部は円形、径0・8mm、長さ1・2cm、幹径0・2mm、長さ1・2cm、黒色塗料の塗装、赤錆が混じっていた。岡田教授はこの教室（東大耳鼻科）で摘出されたけど久保猪之吉教授が摘出されたので九州大学に持って帰りなさいといわれ、現在「上気管支鏡下に摘出された日本最初の気管支異物」として九大病院構内、百年講堂横の久保記念館に展示されている（図2）。

内視鏡の歴史

(1) 喉頭鏡（間接）の歴史

医学の歴史が始まって以来、管腔臓器の内部を視ようとする試みはかなり以前から記載がある。先駆者として1807年フランクフルトのボチニーは反射光を利用して内腔観察のアイデアを示し、医学会のみならず社会現象としてセンセーションを起こしたが、実用的には成功しなかった。1829年、ロンドンのバビングトンは長い針金の柄の先端に鏡を付けた喉頭鏡を製作し「声門鏡」と提唱したが、声帯を観察した記録はなく後継者はなかった。

1854年、パリで王室の声楽教師をしていたスペイン人マヌエル・ガルシアは太陽の反射光を二つの鏡を使い自分の声帯を観察することに成功した。そしてこの結果を論文にして当時革命を逃れて住んでいたロンドンの王立学会で報告し、その科学的な記載と器具は高く評価された。彼は訓練された歌手であり、声帯に鏡を当てても反射をおこさず筋肉をコントロールでき、論文では器具よりも自分の観察した事実を強調し、これは着想(idea)であって発明ではないと述べている。その後「喉頭鏡の父」と呼ばれ100歳の高齢を保った。

1857年、ウィーンの教授であり神経学者チュルクは太陽光を利用して口蓋垂にあてた鏡で患者の喉頭を観察した。「喉頭鏡の応用者」とされた。

1858年、ブダペストの医師であり生理学者のツェルマークは「生理学上の目的のため」チュルクの鏡を借り人工光線を利用して喉頭検査に成功し、精密器機として開発・普及をはかった。「喉頭鏡の普及者」と呼ばれるが、このことでチュルク、ツェルマーク間でプライオリティー争いが起こり、エスカレートして果てしなく続くことになり、フランスのアカデミーが介入してチュルク、ツェルマーク双方に栄誉を与えることで終止符が打たれた。

二人の論争の最中にウィーンで卒後研修中であった英国のモレル・マッケンジーは喉頭鏡の発明に刺激を受けツェルマークに喉頭鏡を習い、ロンドンに帰り喉頭科医として熱心に喉頭鏡検査法、器機の開発、喉頭疾患を研究し多くの業績を上げ、喉頭学の大家となった。1887年、彼はビクトリア女王の依頼によりプロシャ皇帝フリードリヒ3世の喉頭癌治療に関与することになり、その経過と両国間の政治に翻弄されて苦境に立たされたことは不運であった。

⑵ 直接（直達）食道鏡・気管支鏡の歴史

1853年、フランス（パリ）のデソルモー（Desormeaux）は直接内視鏡（尿道鏡）を開発し「Endoscopy」という言葉を初めて使い、子宮、喉頭、食道、胃への応用を指摘したが後に続く者はなかった。光源はアルコールとテレビン油の混合物を燃焼しその光を反射鏡で鏡筒内に送る方法であった。

1868年、フライブルグの内科教授クスマウル（Kussmaul）は大道芸の呑刀師をみて、円管を食道に挿入して食道を観察することを思いつき、器機店に制作させ食道・胃の検査に成功した。直達鏡の始めである（図3）。1895年ベルリンのキルシテインはコカイン麻酔を用い直接喉頭鏡検査に成功した。

１８９７年、フライブルグの鼻科・咽喉科教授キリアンは基部光源（額帯鏡）証明による直接気管支鏡検査に成功、同年気管支鏡による気管支異物（ブローチ）を摘出。その後、器機の開発、懸垂頭位など操作テクニック、臨床応用の新知見など論文を多数発表。普及のための講演や講習会を開催し「気管支鏡の父」と呼ばれた。

１９０４年、キリアン教授の下で学んだ米国・フィラデルフィアのシュバリエ・ジャクソンは先端光源（豆電球）照明の食道鏡・気管支鏡を開発。のち気管支鏡専門のクリニックを設立、多くの臨床治験を重ね食道・気管支鏡の大家となった。

１９０７年、久保猪之吉（九州帝大耳鼻咽喉科初代教授）はドイツ・フライブルグ大学キリアン教授の下での留学から帰国、日本に初めて食道鏡・気管支鏡をもたらし、同年９月上気管支鏡による気管支異物の摘出に成功した。

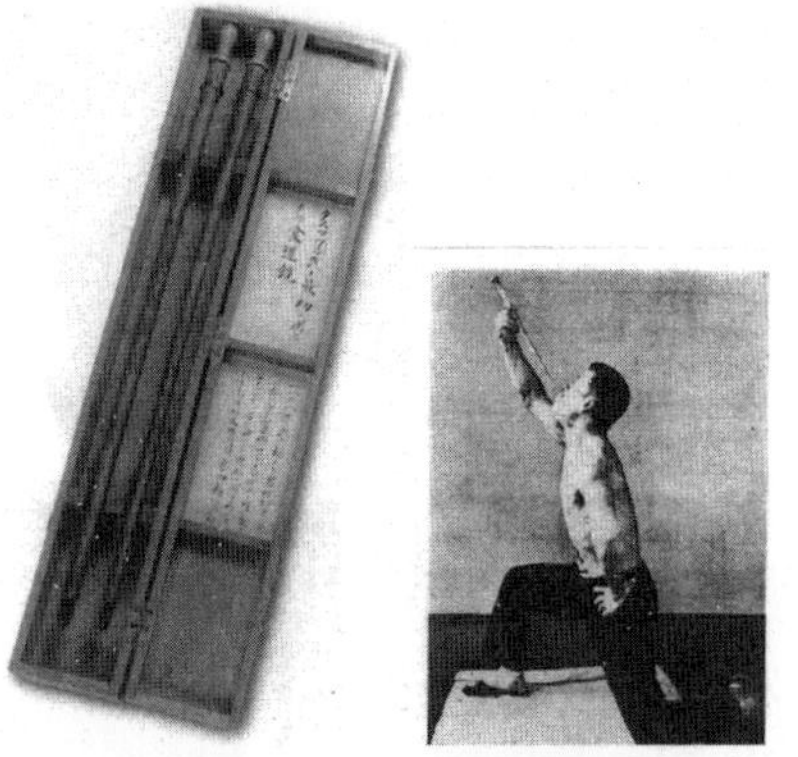

図３　クスマウルの最初の食道直達鏡（久保記念館）と呑刀師の姿勢

1932年、シンドラーとヴォルフが軟性胃鏡を開発した。1950年、日本の胃カメラが東大分院外科の宇治・城所・今井とオリンパスの共同で開発された。

1966年、池田茂人によってフレキシブル気管支鏡が開発された。


気管支鏡の父、グスタフ・キリアン（1860～1921）

グスタフ・キリアンは南ドイツの田舎町マインツで生まれた。父は高校教師であり母は31歳でコレラに罹って亡くなった。グスタフが5歳の時である。長じて医学を志しストラスブール大学に入学した。教授陣にはWaldeyer, Von Recklinghausen、1868年胃直達内視鏡を発明したKussumaulなど錚々たるメンバーがいた。臨床教育をフライブルグ大学・ベルリン大学で受け、ハイデルベルク大学を1884年に卒業した。同年兵役のためフライブルグ大学に配属され、産婦人科で卵巣嚢腫の解剖学的研究で学位を取得した。

1886年、ベルリン大学に移りHartmannとFraenkelの下で耳鼻咽喉科学を学んだ。

1887年、27歳のグスタフはマンハイムで開業することにした。しかし、クリニックも流行り始めた開業4ヶ月後、フライブルグ大学の咽喉科常勤医に招聘されることになった。当時の咽喉科は内科に属し、気管切開等の手術は外科医が行なっていた。1895年、外科医の退職で咽喉科は独立の科となり、35歳のグスタフがフライブルグ鼻科・咽喉科（外科・内科）主任教授となった（図４）。

In Mannheim 1887.　　Gustav Killian (1860—1920)

図４　グスタフ・キリアン

１８９５年、Kiristeinがコカイン麻酔を施し喉頭を直接観察検査法の報告を聞いたKillianは、気管内挿入する方法を思いつき、死体等を用いて実験を重ね、気管がいかにフレキシブルであるかを確かめ、１８９７年ついに喉頭を通過して気管内に内視鏡を進めることに成功した。同年、気管支異物（ブローチ）摘出に成功、Killian 37歳であった。１８９８年5月、ハイデルベルクで開かれた南ドイツ咽喉科学会で発表し、ついで直達気管支鏡についての最初の論文を発表した。その後気管支鏡技術、器機の開発、臨床応用、新知見の論文34編。気管支鏡公開手術や講演、研修セミナーを頻回に行い、世界中から大勢の訪問者（参加者リストに米国１２０名を含め４７３名の外国人）があり、フライブルグは「気管支鏡のメッカ」になった。気管食道だけではなく、鼻科手術（鼻中隔粘膜下切除・副鼻腔炎根治術）や嚥下機能・反回神経麻痺の治療、懸垂頭位検査法の開発等喉頭領域にも大きな業績を残した。

1911年、Fraenkelの引退を受けベルリン大学教授に就任するや、それまで分かれていた鼻咽喉科と耳科を統合し耳鼻咽喉科とした。

Killianはいつも明るい雰囲気を漂わせた非常に精力的で情熱的な教育者であり、多くの門下生が耳・鼻咽喉・気管食道科の重要なポストを占めた。

久保猪之吉と気管・食道直達鏡のその後

猪之吉は東大で気管支異物を摘出する前、福岡医科大で小児の食道異物を2例、食道鏡下に摘出している（報告論文あり）。気管支鏡は最初の症例は少し苦労したが、その後多くの症例を重ね熟達していく（図5）。直達鏡技術の開発、器機の改良・考案を精力的に行い、また検査・診断・治療を大動脈瘤・ジフテリア・結核・喘息などへ拡大した。

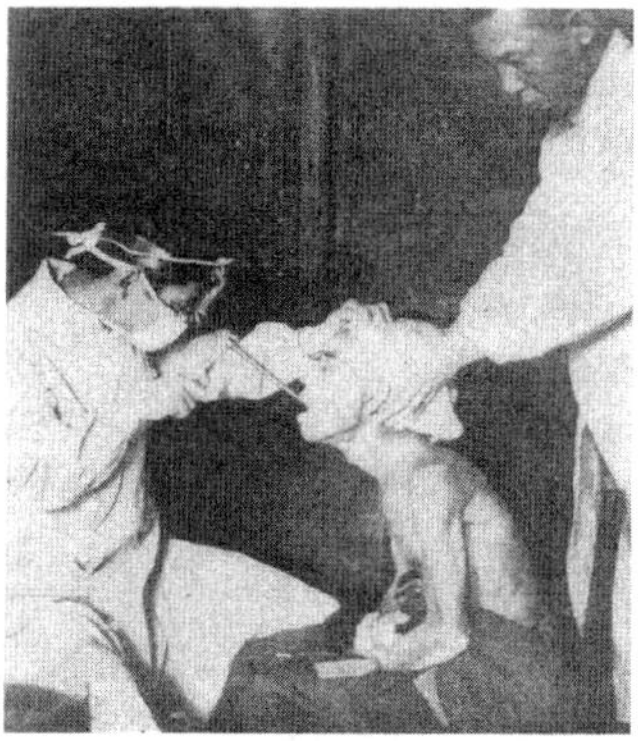

図5　直達鏡検査（座位）をする久保猪之吉教授

また直達鏡普及のため学会報告、講演・公開実技講習などを九州各地や関東・関西（特に大阪）・東北で行った。

「私が此処の大学（福岡医科大）に来ましたのはまだ33歳で非常に元気でありました。朝から夕方まで直達をやってゐたこともある。或時は大学の運動会で窓外には喊声が起こる中に、大森先生の昔の手術場で（かつて使っていた床が赤塗の有名なあの手術室）喊声を外に助手と看護婦を相手にして直達鏡検査をやってゐた。非常に熱心にやったので技術は進歩し遠くから患者が来るようになった」

図6　久保猪之吉とグスタフ・キリアンの胸像（久保記念館）

患者は九州全域はもちろん関東はじめ国内各地から来院した。また朝鮮半島、満州、中国大陸・台湾・香港からの来院もあった。夏目漱石の紹介状を持って歌人で作家の長塚節がはるばる茨城から受診、喉頭結核の入院治療を受けたのはよく知られている。

猪之吉が定年退官までに摘出した食道・気管・気管支異物は１２００個、九大耳鼻科教室全体で2000個。直接教えを受けた300名を超す弟子たちが全国各地で直達鏡を用い施術、多くの患者を助けた。

九大医学部キャンパス内の医学博物館・久保記念館には摘出された異物の標本が整理され、久保猪之吉・キリアン師弟の胸像（図6）と共に陳列されている。


昭和9年9月、フィラデルフィアのジャクソン教授の下で学んでいた小野譲（慶大教授）を帰国早々、九大耳鼻科に講演に招待し、その後教室員の前で実技供覧を依頼した。小野は久保式直達鏡という独自の技術を開発した世界的な学者がいわば他流派の若輩に、自らの弟子たちへの教授を依頼する態度に猪之吉の学問への真摯さ、懐の深さを見、非常に感服した。久保猪之吉、定年退官半年前のことである。その後、小野が日本の気管支鏡の発展、普及のためつくした功績は大きい。「日本気管・食道科学会」も小野の尽力によるものである。九大耳鼻科直達器機室にはKillian式直達鏡（基部光源）とJackson式（先端光源）が並べて準備されていた。

直達鏡は、ファイバースコープが開発されるまで永年にわたって重要な役目を果たした。1898年（気管支鏡発明の翌年）、キリアンの言葉が残されている。

「現時点では気管支鏡の重要性はまだ評価できない。しかしながら、単に異物や気管支病変のみならず、肺疾患に対してもその診断治療に貢献できるようになることを願っている」Gustav Killian

参考文献

＊気管支内異物ヲ上気管支鏡検査ニテ取出シタル一例　久保猪之吉　九医誌　明41
＊臨床医家に必要なる要素　久保猪之吉　九大医報　v 8　昭11
＊耳鼻咽喉科学史　Stebenson・Guthrie 共著　小野譲　訳　昭34
＊Gustav Killian と久保猪之吉の生涯　白川妙子・H.Becker　気管文学　平12
＊九州帝国大学耳鼻咽喉科学教室25年史　九州帝大耳鼻咽喉科学教室　昭7
＊久保教授還暦記念祝賀会記録　九州帝大耳鼻咽喉科学教室　昭9
＊わが師わが友　久保猪之吉先生　山川強四郎　日本医事新報　昭24
＊久保猪之吉先生を悼む―余が先生と初対面の思い出　小野譲　耳鼻咽喉　昭15

〈巻末付録２〉

猪之吉のルーツ～二本松藩の歴史と二本松少年隊～

猪之吉の父・久保常保が仕えていた二本松藩の藩主・丹羽家は、祖をたどれば戦国時代の武将・丹羽長秀にまでさかのぼることができる。長秀は、織田信長に仕えて「米五郎左」の異名をとるほど活躍した織田家の重臣である。豊臣秀吉が軽輩のころ、信長に願い出て家中の有力者「丹羽（長秀）」「柴田（勝家）」から一字ずつ拝領し「羽柴（秀吉）」を名乗ったことでも知られている。

本能寺の変においては信長の敵《かたき》である明智光秀を討たんとする秀吉に与力し、のち勝家が秀吉との主導権争いに破れ腹を切ると、勝家が領していた越前、若狭１２５万石を長秀が治めることになった。しかし、秀吉が織田家から天下を奪い取った際に、自刃。主君である織田宗家を守れなかったことを悔やんだとも、持病の痛みに耐えきれなかったとも伝わっているが、本当の理由は定かではない。

長秀の嫡男・長重は15歳で遺領を継いだ。しかし、秀吉は天下に威令を示す格好の餌食として、織田の名家である丹羽家を冷遇。孤弱な長重では家臣団をまとめられないと難癖をつけ、若狭15万石に減封し、長束正家ら重臣たちも秀吉の直臣として召し上げられ、さらにその後、加賀松任4万3000石にまで減封された。秀吉の死後は、関ヶ原の戦いで去就を明らかにしなかったため徳川家康に改易され、家臣団も解体。長重は30歳にして浪々の身となってしまう。しかし約2年後、常陸古渡1万石を与えられ城主に復帰。大坂冬の陣および夏の陣では戦功をあげ、これを契機に2代将軍・徳川秀忠のお伽衆として仕えることとなり、順調に加増移封され、ついには陸奥国棚倉5万石の大名として返り咲いた。散り散りとなっていた古参の家臣たちも続々と帰参し、領国経営や築城など国づくりに尽力。このとき長重は50歳余、江戸の世もすでに3代将軍・徳川家光の治世に移っていた。5年後には白河10万石、長重の没後、跡を継いだ嫡男・丹羽光重が二本松10万500石に移封され、初代藩主となった。こうして二本松藩は奥州口の押さえとして幕末まで続くことになるのだが、転じてこれが徳川家に恩義を感じて戊辰戦争を戦った原因のひとつとも考えられている。

苦労して領地を回復した丹羽家は、光重から数代にわたって二本松の地で善政を敷いた。漢学者や算学者を招いて藩士の教育を行ない、治山・治水、荒地の開墾を推し進めて城下

安達太良山

を整備。また商業を奨励し、国力を養い、表高10万石の実質12万石といわれるまでに国を富ませ、藩主や藩士に対する領民からの支持も大きかったといわれている。

　そういった藩政の規範として、5代藩主・高寛が藩庁の前の自然石に刻ませたのが「戒石銘」である。「爾が俸爾が禄は民が膏 民が脂なり 下民は虐げ易くも 上天は欺き難し（おまえがお上から頂く俸禄給料は領民の汗と脂の結晶である。領民は虐げやすいけれども天を欺くことはできない）」と謳い、藩の支えのもとである領民を慈しむようにと藩士たちを啓蒙。二本松藩の藩風としては強い郷土愛と尚武・勤倹の志操があったようで、それを支える文武の教育がたいへん重んじられていた。そのため、小藩ながらも藩校敬学館とは別に、学問（漢学・医学・書道）が7、兵学が1、武術にいたっては13もの私塾を有していた。

慶応4（1868）年に起こった戊辰の役に際して、会津討伐を強行する薩長を中心とする官軍に反発を強めた仙台藩、米沢藩、会津藩は、親徳川色が強く会津藩に同情的な奥州諸藩に呼びかけて奥羽越列藩同盟を結成。奥州の玄関口・白河で官軍と激しい戦いを繰り返した。

もちろん、徳川恩顧の二本松藩もそこへ合流。しかし、新式銃砲で装備し兵力を増強した官軍に圧倒され、白河口の戦線を突破されてしまう。ここに至って、藩士は18歳以上であれば老人にいたるまで総動員となり、猪之吉の祖父・常美は軍事調査役として、また、弱冠20歳だった父・常保もこれに参戦し、各地にて奮戦。味方の劣勢が伝えられると、さらに17歳以下の少年たちも勇躍し出陣を懇願。13歳以上は許され、砲手や鼓手として各隊に配属された。彼らは後世「二本松少年隊」と呼ばれ、会津の白虎隊とならんで戊辰戦争の悲話として伝えられることになる。

二本松少年隊の隊員総数は62名。藩独特の入れ年（実年齢に2歳加算し出兵許可を出す制度）により下限年齢が白虎隊より若くなっており、猪之吉の叔父にあたる鉄次郎が15歳、同じく叔父の豊三郎が最年少の12歳で隊に加わっている。隊長は江戸で砲術の腕を磨いた若き砲術師範・木村銃太郎が務めることになったが、その彼もまだ22歳の若者だった。

白河を抜いた官軍は勢いを増し、奥羽越列藩同盟を裏切った三春藩を先導役にして「会津とろうか仙台とろか、ちょいと朝茶の間の二本松」の俗謡に歌われる通り、二本松藩領に押し寄せた。総大将は土佐藩の板垣退助である。阿武隈川を渉り、二本松軍の主力が固めた本宮宿陣を激戦の末に破り、城下に迫った官軍。最後の要害である大壇口には木村隊長指揮のもと、二本松少年隊25名が大砲隊として布陣し応戦したが、奮闘むなしく、新式銃を豊富に有し兵装面でも圧倒する官軍の前に、一人、また一人と散っていった。それでも力を振り絞り、戊辰戦争における最激戦といわれるまでの死闘を繰り広げたが、やがて木村隊長が2発の銃弾に斃れ、隊は壊滅した。

この戦いで、鉄次郎、豊三郎兄弟もひどい怪我を負っていた。鉄次郎は本宮の戦いに次いで2度目の負傷であり、豊三郎は足をやられたため会津を目指す道の途中で熱発。２人とも玉ノ井村にあった玉泉寺の官軍包帯所（野戦病院）に収容された。傷は深く、豊三郎は二本松落城から３ヶ月後の11月１日、鉄次郎は12月６日に同所で没し、それぞれ玉泉寺の墓地に葬られた。兄弟共に重傷だったので今際の言葉を交わすことはなかったと思われる。

在りし日、豊三郎は兄が出陣したことを知って、母にしつこく出陣を懇望したそうだ。困った母は、きっと戦場を見れば恐くなって帰ってくるだろうと考え、下男をつけて大壇口に送り出した。「直ぐ帰ってくるのですよ」と心配する母に「敵の大将の首をお土産に持ってくるから待っててね」と豊三郎は笑い、下男の手を引くようにして大壇口に向け出発。兄の鉄次郎はその2日前、大谷隊に大砲方として出陣し、本宮の戦いで足に重傷を負っていたが、怪我のため引き揚げる途中、豊三郎が出陣したと報せをうけ「弟までもが行ったのに自分が伏している訳にはいかない」と、無理を押して再び参陣した。

戊辰戦争に出陣した二本松少年隊は総勢62名。うち14名が戦場の露と消え、残った者もほとんどが負傷により幼い命を散らした。総崩れとなった二本松軍を追って官軍は城下を焼きながら城を囲み、藩の重臣3人は炎上する大広間で自刃。残った者は門を開いて打って出て戦死し、7月29日、二本松城は落城した。

藩主・丹羽長国と女子供一行はすでに姻戚関係にある米沢藩へと退避していたため、各地で転戦していた藩士たちは米沢に結集し再起を図る。しかし米沢藩、仙台藩もすでに疲

二本松城と二本松少年隊碑

弊し戦意を失っていたため、相次いで官軍に屈服。このため二本松藩も降伏を余儀なくされた。猪之吉の生まれる7年前のことだった。

「十二歳の少年隊に加はりて
死にし維新の叔父達を念ふ
ゐの吉」

この一首は歌人・ゐの吉（猪之吉）が後年、戊辰戦争で歴史に残る二本松少年隊の隊員として年若くして悲運の最期を遂げた叔父・久保鉄次郎と豊三郎兄弟への想いを歌ったものである。

〈巻末付録3〉

『九大風雪記』〜西日本新聞 元編集局長の猪之吉評〜

元西日本新聞社編集局長の鬼頭鎮雄が昭和23（1948）年6月に著した『九大風雪記』には、九州大学の京都帝国大学福岡医科大学時代から戦後までの歴史が、平易にかつ面白く、しかも内容豊富に記されている。毒舌が微に入り細を穿っており、大変興味深い読み物だ。医学部が主体でありつつ、工学部、農学部、法文学部も内容に含まれている。

鬼頭はその中の「耳鼻咽喉科教室」の項で「名声天下に聞こえた久保猪之吉・手術のうまい笹木教授」と題し、耳鼻咽喉科の久保猪之吉教授こそは世界的学者といえる一人だったと語り、次のように述べている。

「九州大学医学部といえばかつて世界的大発見の連発が新聞紙上を賑わせていたし、教授の誰もが世界的学者のはずだが、事実は必ずしもそうではない。洋行から帰ってくると『欧米の医学会も大したものではないよ』と新聞記者に語る彼らだったが、その自信は尊敬すべきだとしても、事実、欧米では日本の医学者など大した尊敬は受けないのが普通だ。

言葉と文字の関係で欧米の学会に知られないことの不利もあり、欧米には『われ外国の書をかつて読まず』と公言する学者も多いせいもあるだろうが、一般に日本の有名な学者ですらその名は知られていないのが普通だ―（中略）―ところで、イノ・クボの名は世界の医学界でよく知られている。年譜によれば明治40年、早くもゼモン氏の国際中央医学会耳鼻咽喉科の共同編集者並びにオウレンハイルクト・ミットアルバイターに推挙、イギリス王立医学院咽喉科名誉通信会員、ウィーン咽喉学会コレスポンジーレンデス・ミットグリードなど、世界の医学界での活躍は目覚ましいものだ―（以下略）」

猪之吉は欧州をはじめ米国やエジプトなど4回の海外渡航を経験している。日本国内にとどまらないその活躍ぶりが、鬼頭の評からも窺い知れる。

【年表】

西暦	和暦	出来事（久保猪之吉）	出来事（医学・耳鼻咽喉科領域・世間）
1722	享保7		小石川養生所設立
1744	寛保4 延享元		長崎にて人痘種痘
1754	宝暦4		山脇東洋・死体解剖
1774	安永3		杉田玄白ら「解体新書」
1776	5		アメリカ独立宣言
1789	天明9 寛政元		フランス革命
1794	6		片倉玄周・鼻茸摘出
1798	10		ジェンナー牛痘接種法
1815	文化12		杉田玄白・「蘭学事始」
1821	文政4		気管切開術成功
1824	7		シーボルト・長崎鳴滝塾
1828	11		シーボルト事件
1854	嘉永7 安政元		ガルシア自己喉頭観察
1857	4		ポンペ長崎で講義
1858	5		ウィルヒョー・細胞病理学
1861	万延2 文久元		メニエール病報告。アメリカ南北戦争
1868	慶応4 明治元		クスマウル食道鏡考案。明治維新

1873	明治6		ビルロート喉頭全摘
1874	7	久保猪之吉、12月26日　福島県安達郡本宮町で出生	
1880	13		万国鼻喉学会（ミラノ）
1881	14	福島県須賀川小学校入学	
1884	17	宮本より江、9月17日　愛媛県松山市で出生	
1885	18	異母弟　護躬（もりみ）誕生	
1887	20	福島県尋常中学校入学	
1890	23	異母妹　キク誕生	
1891	24	3月　安積（福島県尋常中学より校名変更）中学卒業、上京 7月　第一高等学校入学。小石川の梶浦釜次郎宅に下宿 落合直文との交際はじまる。短歌結社「浅香社」参加	
1893	26		日本耳鼻咽喉科学会創立
1894	27		北里柴三郎・ペスト菌発見。日清戦争
1895	28		レントゲンX線発見
1896	29	東京帝国大学医科大学入学。浅香社で佐佐木信綱と会う	
1898	31	読売新聞に短歌発表始める　落合直文の編集手伝う 2月　正岡子規「歌よみに与ふる書」、佐佐木信綱「心の花」創刊 6月30日　短歌結社「いかづち会」設立・服部躬治・尾上柴舟・菊池駒治・斉藤雄助の5人のち大伴来目雄、短歌の革新運動始める	キューリー夫妻ラジウム発見
1899	32	国風会懇親会にて和歌革新論を演説	
1900	33	12月　医科大学卒業。与謝野鉄幹「明星」を創刊	
1901	34	1月　東京大学医科大学耳鼻咽喉科（岡田和一郎教授）入局・副手・助手 7月　弟護躬を呼び勉学を援助。継母ミツ上京中、腸チフスで死去	

1902	35	「医学と文芸と」(明星)	
1903	36	5月　宮本より江を入籍。6月ドイツ・フライブルグ大学に官費留学グスタフ・キリアン教授の助手 12月　京都帝国大学助教授	
1904	37		野口英世スピロヘータ発見。日露戦争
1907	40	1月1日帰国　5日新橋発博多着 10日　京都帝国大学福岡医科大学教授就任 2月19日　耳鼻咽喉科教室開設　福岡市外東公園に居住 6月　「福岡医科大学雑誌」創刊・編集委員として「発行辞」 7月　「上顎洞性後鼻腔鼻茸」の発見・命名 8月　医学博士号授与 久保教授　日本初の上気管支鏡下異物摘出に成功	
1908	41	11月　福岡医科大学第2回卒業式 一般市民学内縦覧　器械展示	
1908〜1910	41〜43	1月　耳鼻科学校検診(久保教授・教室員) 12月　第2回九州地方会 「鼻科学上巻」「中巻」「下巻」出版	
1910	43	3月　英ゼモン氏長崎上陸 4月　連合医学学会で講演・久保教授通訳 9月〜44年3月　佐賀県唐津で療養(肋膜炎)	
1911	44	4月　九州帝国大学医科大学となる 「医学と絵画と」「ふぁんたじい」(福岡日日新聞)	
1912	明治45 大正元	2月　九州帝大フィル演奏会「明治天皇奉悼歌」(久保猪之吉作詞・榊保三郎作曲) 4月24日　長塚節　漱石の紹介状を持って九大病院来院 7月　九州帝大医科第1回卒業式	

1913	2	1月　若山牧水来訪「エニグマ」創刊号に歌を寄稿 2月　「エニグマ」創刊 8月　第17回万国医学会出席のためロンドン出張を命じられる	
1914	3	1月　久保教授帰国ドイツ・ベルリン喉頭科学会通信会員 6月　長塚節九大病院入院	第一次世界大戦
1915	4	2月8日　長塚節九大病院にて死去 9月6日　父・久保常保死去 11月　東大教授内科青山・耳鼻科岡田参観	
1916	5	5月　耳鼻科教室新築。創立9年記念式 8月　教室移転終了 11月　支那四川軍・蔡鍔将軍・喉頭結核で死去	
1917	6	6月　カピテンSaxer（ワルデッグ将軍参謀）入院手術 9月　高浜虚子来福　吉岡禅寺洞と交流 10月　貴族院議長徳川家達・北里柴三郎教室来観 12月　転居（筑紫郡千代町131番地から福岡市大名町105（現・中央区赤坂1丁目16—39） 「歌人　大隈言道」（福岡日日新聞） 久保教授・英国王立医学会喉頭科部名誉通信会員	ロシア革命
1918	7	倉田百三来院、1年4ヶ月通院 11月　来福中の与謝野鉄幹・晶子夫妻を自宅に招く	
1919	8	4月　大日本耳鼻咽喉科学会開催 「大隈言道とフライエルバッハ」「大隈言道論」（心の花）	
1920	9	8月　斎藤茂吉を診察	国際連盟成立
1921	10	1月　久保教授帝国大学医学部病院長・評議員 2月　キリアン先生逝去 3月　ゼモン先生ロンドンで逝去 3月　斎藤茂吉来訪「春さむしと思わぬ部屋に長崎の御堂の話長塚節の話」	

1922	11	3月　皇后陛下病院行啓、総長出迎え、久保院長説明 7月　ドイツ・ベルリン大学よりクライデルヴォルフ氏（ベルリン大・フォン・アイケン教授紹介）入局 上京時「扇風機に卓上の花萎えやすき」（ホトトギス掲載）	
1923	12	2月　朝鮮総督・斎藤実来観 九大耳鼻咽喉科同門会「四三会誌」創刊	関東大震災
1924	13	6月　欧米視察（ロンドン・パリで茂吉に会う） 10月　仏大使 Clauder 氏教室参観	
1925	14	2月　久保教授帰朝 5～6月　オーストリア喉頭科通信会員・東大病院入院 4月　弟・護躬、金沢大学教授として赴任	
1926	大正15 昭和元	11教室開講 20周年記念建造物「久保記念館」上棟式	
1927	2	5月　教室開講20周年記念祝賀会 「久保記念館」（日本初の医学博物館）を門下生より献呈・ 九大寄贈	
1928	3	5月　第1回万国耳鼻咽喉科学会（コペンハーゲン）日本代表として出席 11月　帰国。 ドイツ帝国自然科学学士院会員・落合直文25年忌に出席	
1929	4	11月　音声言語障害治療部新設診療開始 短歌集「能古」編集委員	
1930～1931	5～6	2月　第百回九州地方部会 大隈言道、野村望東尼研究多数発表	1931年　満州事変
1932	7	2月　オッシログラフ教室内据え付け 4月　久保教授学術研究会議会員　句集「春潮集」刊	
1933	8	全国耳鼻科教室・海外から教室参観多し 5月　久保教授編集「大日本耳鼻咽喉科全書」発刊始まる	

1934	9	11月　久保教授・仏国政府より「レジオン・ドヌール勲章」伝達 12月　久保教授還暦祝賀記念式開催 12月13日　久保教授最終臨床講義「実地医科に必要なる要素」	
1935	10	2月　九大退官、正三位に叙され、5月　九大名誉教授 6月　久保名誉教授夫妻午後6時14分博多駅発。東京へ大名町・土地家屋を曽田共助に譲渡。東京都麻布区笄町4番に転居 5月29日　東京聖路加病院顧問として迎えられ就任、外来診療・手術を行い、自宅で学術雑誌・執筆・編集 昭和13年2月より自宅病臥 11月12日　死去	
1936	11		二・二六事件
1937	12		日中戦争
1939	14		
1940	15	東京青山霊園　墓碑建立 1月　猫が蝋燭を倒し自宅全焼	
1941	16	より江夫人死去（57歳）青山霊園に埋葬	

【参考文献】

著者	誌名	タイトル・出版社	西暦	発表年月日
浅井健吉	耳鼻咽喉科	久保博士の追憶	1940	昭和15年
和泉僚子	福岡県地域史研究 Vol.16	久保猪之吉・より江夫妻と雑誌「エニグマ」の周辺について	1998	平成10年
伊藤昌治	長塚節	長塚 節 謎めく九州の旅・追跡記 日月書店刊	1979	昭和54年5月15日
稲田龍吉	耳鼻咽喉科	久保名誉教授の追憶	1940	昭和15年
井上洋子	叙説2 No.6	書誌「エニグマ」発行の経緯と総目次	2003	平成15年8月
岩熊 哲	耳鼻咽喉科	医史家として久保先生	1940	昭和15年
大谷一代	書簡	東條家と小此木家		
大野 武	久保猪之吉先生と文学	久保猪之吉先生と短歌		
世話人 大藤敏三	日本医事新報	久保猪之吉先生を偲ぶ座談会	1952	昭和27年10月25日
大藤敏三	学士会報	恩師・久保猪之吉先生とその短歌・雷会の盛衰	1986	昭和61年
岡田靖雄	思文閣出版	精神科医 斎藤茂吉の生涯	2000	平成12年11月
落合直文	明治書院404	萩之家遺構「こよひの友」	1904	明治37年1月5日
訳者 小野譲		耳鼻咽喉科学史	1959	昭和34年10月10日
小野 譲	耳鼻咽喉科	久保先生を悼む― 余が先生と初対面の思い出	1940	昭和15年
貝塚 侊	JOHNS 第5巻第2号	A.Polizarと「耳科学史」 東京医学社刊	1989	平成元年2月
梶原瑠衣	九大附属図書館研究開発年報	九大附属図書館の「エニグマ」について	2014	平成26年
河田政一	久保猪之吉先生と文学	久保ゐの吉先生と短歌		
鬼頭鎮雄	九大風雪記	名声天下に聞こえた久保猪之吉	1948	昭和23年6月10日

九州帝大耳鼻咽喉科教室	九州帝大耳鼻咽喉科教室	九州帝大耳鼻咽喉科教室20周年史	1927	昭和2年2月
		九州帝大耳鼻咽喉科教室25周年史	1932	昭和7年
		久保教授還暦祝賀記念会記録	1934	昭和9年
		九州帝大耳鼻咽喉科教室30周年史	1937	昭和12年
九大医報編集部	九大医報　第14巻2号	故久保名誉教授追悼	1940	昭和15年3月
九大医学部編集		九州大学医学部百周年記念写真集	2003	平成15年3月8日
九大医学部百年史編集委員会	九大医学部百年史	九大医学部百年史	2004	平成16年3月1日
九大耳鼻科四三会	四三会誌　27号	春日望郷　西東	1936	昭和11年5月
	四三会誌　31号	久保猪之吉先生追悼号	1940	昭和15年5月
久保猪之吉	心の華　4号	短歌の運命（論説）	1898	明治31年5月
	心の華　10号	「いかづち会」わが会の本領（論説）	1898	明治31年12月
	心の華　3巻　1号	歌論（国風会席上談）	1900	明治33年1月
	読売新聞	医学と文学と	1902	明治35年10月13～16日
	太陽	予が「ウイルヒョウ」観	1903	明治36年1月1日
	福島民友新聞	独逸たより1～3	1904	明治37年9月28日～30日
	新公論　20の1	独逸より見たる戦争雑観	1905	明治38年1月
	心の華	独逸劇場雑感	1905	明治38年2月1日
	九医誌	気管支内異物ヲ上気管支鏡検査ニテ取出シタル一例	1908	明治41年
	福岡日日新聞	旧跡保存と益軒文庫	1908	明治41年7月16日
		医学と絵画と	1911	明治44年7月30日～8月5日
		紅葉の十年忌に	1912	大正元年10月
	エニグマ　第一巻五号	医術と文藝と	1913	大正2年6月20日

久保猪之吉	九州日報	墺国皇帝気の毒なる御一生	1916	大正5年11月28日
	山陰新聞	大山の蝶蒐集談	1920	大正9年7月24日
	福岡日日新聞	五百余匹の珍奇な蝶を採集して	1920	大正9年7月26日
	四三会誌	四三会会報の首に記す	1923	大正12年12月2日
	福岡日日新聞	蝶の話	1925	大正14年5月11日
	九大医報	九大医報発刊に際して	1927	昭和2年3月10日
	四三会誌	開講満二十年記念日来	1927	昭和2年
	九大医報　第一巻1号	「九大医報」発刊に際して	1927	昭和2年2月
	ホトトギス	外国船	1927	昭和2年4月1日
	耳鼻咽喉科	発刊のことば	1928	昭和3年1月1日
		旅より　ライプッチヒより	1928	昭和3年10月1日
		東大耳鼻科臺時代の回顧	1928	昭和3年11月
		旅より　丁抹首都より	1928	昭和3年11月1日
		旅より　英京ロンドンより	1928	昭和3年12月1日
	九州日日新聞	落合直文先生の満廿五年忌	1928	昭和3年12月16日
	耳鼻咽喉科	旅より　マジャルの首都より	1929	昭和4年1月1日
		アロイス・クライドル先生を悼む	1929	昭和4年4月
		ツエルマック教授の肖像と挿図に就いて竝びに伝記補講	1929	昭和4年4月
	福岡日日新聞	大隈言道と野村望東尼	1931	昭和6年1月1日
	耳鼻咽喉科	ツアール・デマアケル先生伝	1931	昭和6年2月
	九州日日新聞	忘れがたい誕生日	1932	昭和7年1月1日
	福岡日日新聞	洋傘	1932	昭和7年1月4日
	春潮集	春潮集	1932	昭和7年5月20日
	帝国大学新聞	東大助手時代の思い出	1934	昭和9年6月17日

久保猪之吉	九大医報	最終の臨床講義	１９３４	昭和9年12月13日
	東京医事新誌	先師キリアン先生の許にあった頃	１９３６	昭和11年9月26日
	九大医報	臨床医家に必要なる要素	１９３６	昭和11年
	四三会誌	私の肖像画		
		モデルに立つ		
		大森博士を弔う詞		
久保より江	明星	木枯のあと　故落合直文翁病状略記	１９０４	明治37年1月1日
	福岡日日新聞	虹の松原より	１９０８	明治41年9月1日
	アララギ	長塚さん	１９１５	大正4年6月1日
	ホトトギス	私の猫のはなし	１９２６	大正15年7月1日
	福岡日日新聞	思ひ出の窓	１９３２	昭和7年9月18日
	四三会誌	同行二人	１９３４	昭和9年12月1日
	四三会誌　追悼号　第31号	雷のごとく	１９４０	昭和15年5月15日
久保　龍	同人雑誌「製作」　6号	西陲（せいすい）のあか星		
小池　重	耳鼻咽喉科	久保猪之吉博士の遠逝を悼む	１９４０	昭和15年
高　仁淑	九州大学大学院教育学研究紀要　２００３年　Vo.6	帝国大学におけるオーケストラ育成運動	２００３	平成15年3月
小島吉雄	久保猪之吉先生と文学	歌人としての久保猪之吉博士をしのぶ		
斎藤茂吉	短歌講座　第一巻	明治大正和歌史	１９３１	昭和6年10月10日
佐尾裕子	近代文学研究叢書45	久保猪之吉　昭和女子大学編集	１９７７	昭和52年
坂井健雄　編集	東北大学出版社	日本医学教育史	２０１２	平成24年
四三会　編集	久保教授写真帖		１９３４	昭和9年11月
	四三会誌追悼号　第31号	恩師を偲びまつりて	１９４０	昭和15年5月15日
	四三会誌追悼号　第31号	聖路加の久保教授に侍して	１９４０	昭和15年5月15日
	久保猪之吉先生と文学	久保猪之吉先生と文学		

柴田浩一	四三会誌	久保猪之吉先生の生地を訪ねて	2009	平成21年
	福耳会ニュース	久保猪之吉と二本松少年隊	2010	平成22年
	福耳会ニュース	近代耳鼻咽喉科のパイオニア久保猪之吉先生の修業時代	2012	平成24年5月
	福耳会ニュース　136号	久保猪之吉による日本最初の気管支鏡下・気管支異物摘出	2013	平成25年5月
白川妙子 H.Becker	気管支学	Gutav Killian と久保猪之吉	2000	平成12年
シルビノエル・アルバート		日本への航海	1924	大正13年
杉野大沢	日本医事新報	長塚節と久保猪之吉	1959	昭和34年
Stebenson・Guthrie 共著 小野譲　訳	耳鼻咽喉科学史		1959	昭和34年
曽田共助	久保猪之吉先生と文学	五十年前—久保先生の周辺から—		
曽田豊二	JOHNS　第29巻第1号	耳鼻咽喉科学のパイオニア　久保猪之吉	2013	平成25年
高田宗彦	桑野会報	ふるさとと本宮町が生んだ世界的偉人久保猪之吉医学博士	2004	平成16年
竹下しづ・龍骨	福岡市文学館選書	竹下しづの女・龍骨　句文集	2016	平成28年12月
田中一弘	九大医報　第14巻3号	恩師久保猪之吉先生の追憶(2)		
田村　隆	九大附属図書館研究開発年報	久保猪之吉の旧蔵書	2012	平成24年
中島恒雄	九州人　42号	久保教授と長塚節	1971	昭和46年7月
	久保猪之吉先生と文学	久保先生と文学		
長塚　節	アララギ	長塚節書簡集 久保博士夫人宛	1915	大正4年6月1日
夏目鏡子	岩波書店141	漱石の思ひ出	1929	昭和4年10月15日
日本耳鼻咽喉科史編集委員会		日本耳鼻咽喉科史	1983	昭和58年7月21日

野地　繁	野地繁　遺稿集	評伝　世界的医学者　久保猪之吉博士 平成7年7月発行　振学出版	1962	昭和37年11月30日
Hans Killian	Gustav Killian：Sein Leben,sein Werk	〝Ino　Kubo〟		
廣瀬　渉	耳鼻咽喉科	久保主幹の薨去を悼む	1940	昭和15年
福田得志	九大医報　第一九巻1号	再刊の辞	1949	昭和24年11月
星　亮一　編	二本松少年隊のすべて	二本松少年隊のすべて・開戦前夜の少年達	2008	平成20年8月
本田　岳	福島県医師会報　68巻	福島県が生んだ世界的耳鼻咽喉科医久保猪之吉と日露戦争		
	福島県医師会報　69巻6号	福島県が生んだ世界的耳鼻咽喉科医久保猪之吉と小此木学系		
増田　連	西日本文化	女流俳句の一大源流福岡の名花　より江、しづの女と共に		
山川強四郎	日本医事新報	わが師わが友　久保猪之吉先生	1949	昭和24年8月27日
	久保猪之吉先生と文学	久保先生の追憶		
山崎清敏	久保猪之吉博士について			
横川弘蔵	耳鼻咽喉科5・6	済世学舎と小此木信六郎	1977	昭和52年
横山白虹	天の川	最近の句集に就いて 春潮集	1932	昭和7年7月1日
	九州日日新聞	九大医学部長と病院長の改選	1932	昭和7年1月10日
	日本及日本人	玉石同架 春潮集 久保ゐの吉著	1932	昭和7年6月15日
	中央公論新社	医学生とその時代 (東京大学医学部創立150周年記念写真集)		

あとがきにかえて

「久保猪之吉という偉い人がいた」と初めて聞いたのは耳鼻咽喉科医であった父からだが、医学生時代か？　何時であったか、どんな内容であったか全く記憶にない。次に聞いたのは間違いなく九大耳鼻咽喉科教室に入局してから間もなくで、それもしばしば様々な脈絡で唐突に出てきてその瞬間、周辺に一瞬襟を正すような緊張感が走る気がしたものだ。

最も印象的なのは、毎年春先に行なわれる九大耳鼻咽喉科学教室開講記念日及び四三会（同門会）総会である。出席者は男性はスーツにネクタイ、女性は当時ごく少なかったがそれに見合った服装と決まっており、加えて白衣の看護婦がずらりと整列しており、会を仕切る医局長は緊張しており、荘厳な雰囲気であった。同門の出席者は地元在住者ほとんど全員、九州はもとより東京・関東はじめ東北・関西・中国・四国からの出席も多かった。名誉教授や現職教授・長老の代表の挨拶の内容は、ほとんど久保猪之吉の教えであり、思い出であった。暫くすると階段講堂の上段に陣取る退屈した先輩の若手医師群から漏れてくるのは「いまさら『イノ・クボ』でもあるまいに…」という囁き声であった。

私が九大耳鼻科に入局したのは昭和41年で、初代・久保猪之吉教授から3代目の河田政一教授の時代である。怠惰な学生生活、放任されたインターン。そして重圧があった医師国家試験をへて、医師として辿り着いた期待の臨床現場は、整然とした運営システム・規則と教授を頂点にしたヒエラルキー、それに伴う責任感と緊張感に満ちていて、診察中に飛び交う苦手のドイツ語病名・診察所見記載を含めて些か居心地が悪かった。そして、このシステムの大部分が初代・久保猪之吉教授の考案によるものであり、開講以来受け継がれてきたと聞いた。

しかし、暫くするとこのシステムは、細部に渡りよく出来ており、当事者が勤勉に精進努力する限り機能し、個人的にも対外的にも業績が積み重ねられて確実に実力が着くものだと理解した一方、形骸化し自由な発言や発想は封じられたような窮屈を感じた面も多々あった。

久保猪之吉、「イノ・クボ」とはどんな人物であろう、気管支異物を日本で最初に摘出した人、久保式名のつく手術方、異物鉗子、開口器・鼻科器械に名前が出ているが、どのような業績があるのだろうとの興味が湧いたのだった。しかし、新米医師としての多忙な日常の中に埋没されてしまった。目を凝らせば、教室周囲に膨大な資料があったのに……。

丁度その頃、東大医学部のインターン廃止運動に端を発した大学紛争は全国的に大きなうねりとなり、九大も激しい紛争の場となった。保守的な旧態を残した医局は、青医連（青年医師連合―急進派医学生と若手医師）の攻撃の対象になり、医局制度の解体や保守的と見なされる様々な制度の改変が行なわれ、自己責任を伴う自主的な運営がなされるようになった。体制が変わると開講記念日の出席者も少なくなり、まして久保猪之吉の名が出ることは殆どなくなった。

在局15年の後、耳鼻咽喉科クリニックを開業して5年ほどして、時々来院されていた年配の患者さん（たしか地元新聞の偉いさん）から帰り際に「面白いものを見つけました。先生は偉い先生の弟子筋にあたるのですね。良かったら読んでみてください」とA4紙・5、6枚のコピー紙を渡された。それは出典が『学士会報』（学士会出版）、著者は日本医大名誉教授大藤敏三、表題は「恩師・久保猪之吉先生とその短歌・雷会の盛衰」であった。

大藤教授は、前述の開講記念式典の挨拶で、強い印象を受けた久保猪之吉の愛弟子の一人で同門の大先輩、耳鼻科学会の長老である。

久保猪之吉の福島・二本松時代の生い立ちや文学者としての業績、九大耳鼻科教室ではあまり知られていない興味ある事象である。自宅に帰り一気に読み感動した。久保猪之吉についてもっと知りたいと思った。早速資料の収集にあたり、医学的業績は教室の図書室、医学部図書館などでかなり集まったが、生い立ちや、修業時代、欧州留学時代の詳細な資料はなかなか発見できず調査は一時頓挫した。

医学史には以前から興味があり、医史学者として高名な小川鼎三や、吉村昭・司馬遼太郎・

渡辺淳一などの医学小説を読み漁っていた時期もあり、この際「日本医史学会」に入会し、医学史の基礎や研究方法を勉強することにした。ついでに幕末長崎で蘭医マンスフェルトに蘭学を学んだ曾祖父から、祖父・父・小生・子供たちへ繋がる医学界の流れを俯瞰し、自分が耳鼻咽喉科医となった過程を確認したいと思った。

医史学会への出席は楽しい。先輩の会員からのアドバイス、久保猪之吉関係資料の紹介もいただいた。ある会合で、九大耳鼻科時代の助教授で当時、福岡大学医学部教授で医史学会員でもある曽田豊二先生から、「最近、久保猪之吉先生の生地・福島県本宮市で久保先生の事を調査し郷土の偉人として顕彰してある方がある。ロータリークラブで卓話を依頼されて行ってきた。先生が学んだ旧制中学が歴史博物館になるので関係展示物を寄贈してきた。行ってみてくれないか」と言われ、即座に承諾した。

平成21年9月の連休を利用して東京経由でその生地福島県本宮町を訪問した。東京出身で祖父のルーツが福島に隣接する宮城県・伊達市にあるという妻を同行した。東北新幹線郡山駅前には、事前に安積歴史博物館に連絡して、この調査を案内していただくには最適任と教えられた高田宗彦氏が待っておられた。氏は猪之吉の母校・旧制安積中学の後身、県立安積高校の卒業で職業は酒造業であり、郷土史家、地域の名士として久保猪之吉はじめ、地域の偉人の顕彰に広く活躍されていた。

資料とスケジュール表を作られ、安達太良山麓と阿武隈川沿いに広がる福島の中通りと呼ばれる一帯を車でご案内いただいた。猪之吉が学んだ旧安積中学は、安積歴史博物館となっており、卒業名簿で5回生・久保猪之吉の名前を見つけた。

また同名簿8期下に小生の妻の祖父（東大医卒・内科医）の名を発見したのは、共に望外の喜びであった。猪之吉生誕地、本籍地、猪之吉が建立した両親の墓地がある誓伝寺、久保家代々の菩提寺の二本松・台運寺、戊辰戦争で二本松少年隊が奮戦した古戦場・人壇口、二本松城門前の少年隊群像などを巡るのは、久保猪之吉の生い立ちや苦難の時代を理解するのに充実した時間であった。東京での勉学・修業時代の資料や短歌の革新運動の旗手として活躍した医学生時代、また岡田和一郎教授、叔父の小此木信六郎博士の下で気鋭の耳鼻咽喉科医として育っていく過程を知ることが出来た。

文学者としての側面は「猪之吉妻・より江」、歌人長塚節や柳原白蓮を含めて地元福岡に熱心な研究者もあり、偉大な医学者の側面を彩るものとして興味ある要素として書かせてもらった。欧州留学時代は九大赴任前であり資料に乏しいが、海外の学会での活躍とともに、九大耳鼻科に残る同門会『四三会誌』雑誌・新聞寄稿を丹念に調べ資料とした。

これらをもとに、医史学会や専門会誌に発表しているさ中に、学会の席で曽田豊二先生が「これでやっと久保先生の伝記を書く者が出てきてくれた」と公言された。

即座に「それは曽田先生しかありません。お父上が久保猪之吉の愛弟子であり、資料も多いでしょうし、書いてないエピソードもご存じの先生しかありません！」と言ったものだ。曽田先生の御病気が進行していると聞いた2017年正月からやっと筆を執った。

より江夫人の「雷のごとく」というエッセイの中に「晩年主人は自伝を書こうとして資料を準備しているようであったが…」と書かれていたが、東京・笄町の自宅は焼失し叶わなかったようである。私もそれらしき伝記はまだ見つけていない。

自分としては、断片として書かれた資料はあるが、書籍として纏まったものに乏しい現在において、せめて資料の在り処を記録し、後世に立派な評伝を書く人に託そうと思う気持ちで発表していた。

これからは、少し私事にわたるが、私の曾祖父、祖父、伯父はともに内科医であり、父は久保猪之吉教授九大最後年度の医学生であったが、途中、肺結核で休学し、久保教授の九大退官の半年後に卒業、2代目笹木教授の一期生として九大耳鼻科に入局している。

正確には久保猪之吉の門弟とは言えない。ただ、学生時代に講義を聞き、これに感銘し耳鼻科に入ろうと決心したに違いない。

またそれ以前に、父と年の離れた伯母は祖父の反対を振り切って、吉岡弥生が起こした東京女子医専に学び、耳鼻科医を目指した。祖父が、東大青山内科時代知人であった賀古鶴所（軍医・耳鼻咽喉科医・東京日赤）に相談したが、即座に「女は要らん」と断られ、郷里・久留米市に帰り、久留米市立病院の耳鼻科医として勤務しながら、九大病院に専修医として通い、久保猪之吉の薫陶を受けた時期がある。

その後結婚して上京、慈恵医大耳鼻科教室で臨床的修練を受け、90歳まで現役耳鼻咽喉科医として働いた。

久保猪之吉の人生は、社会体制や価値観が崩壊した激動の明治・大正の時代を、逆境の中、明晰な頭脳と幅広い知性、強い精神力で駆け抜けて、多くの医学的業績を上げ、病者を救い、多くの後継者を残した。

恩人の一人、後藤新平が日頃語っていた「お金を残して死ぬものは下だ。仕事を残して死ぬものは中だ。人を残して死ぬものは上だ。よく覚えておけ」ということを地でいった、明治人らしい真のサムライの気概を持った生涯である。

本稿を出版するに当たり度々励ましをいただいた、曽田豊二福岡大学名誉教授のご逝去は、誠に残念であります。

「刊行に寄せて」のお言葉を頂いたW（ヴォルフガング）・ミヒェル九州大学名誉教授はドイツのお生まれで、九州大学大学院言語文化研究院教授にて日本西洋文化交流史の研究者として多大な業績があり、現在も日本医史学会の重鎮として活躍されています。また、久保猪之吉の業績に早くから注目され、久保記念館の展示物の調査に尽力されています。また、本著の帯に的確な推薦の言葉を頂いた小宗静男九州大学名誉教授（耳鼻咽喉科）は、久保猪之吉の直系の後継者として「イノ・クボ」の起こした研究・臨床をより大きく発展され、多くの病者に福音を与えておられます。

お二方には、本著の推薦を頂き、まことに有難うございました。

また、久保猪之吉の生地・福島本宮市の史料提供や現地のご案内を頂いた、郷土史家かつ熱心なロータリアンでもある高田宗彦氏に厚く御礼申し上げます。

長塚節に関する貴重な資料を提供いただいた、元九大耳鼻科助教授中島恒彦先生、資料の収集をお手伝い頂いた九大耳鼻科秘書の岳野圭子さん、友人村田渡氏、ドイツ語翻訳のお手伝いを頂いた同門の徳永修先生に感謝します。

出版を強く勧めて頂いた梓書院の田村志朗社長、また資料整理に尽力頂いた浮辺剛志氏、有難うございました。

最後に、取材旅行に同行し励ましてくれた亡妻・由紀子の霊前に、感謝の意を込めて本書を捧げたい。

平成30年6月吉日

柴田浩一

【著者略歴】

柴田　浩一（しばた こういち）

1939(昭和 14)年　福岡市生まれ、福岡県立修猷館高校卒
1965(昭和 40)年　九州大学医学部卒、1 年間のインターン後、
1966 年、九州大学医学部耳鼻咽喉科教室入局・九州大学大学院医学研究科外科系専攻博士課程入学
1971 年　九州大学医学部助手
1973 年　九州大学医学部博士号授与
1976 年　九州大学医学部講師（耳鼻咽喉科）
1979 年 1 月　福岡赤十字病院耳鼻咽喉科部長
1979 年 5 月
福岡市中央区渡辺通に耳鼻咽喉科クリニック開業・院長
現在　医療法人浩仁会・耳鼻咽喉科柴田クリニック理事長・院長

2002 ～ 06 年　福岡県耳鼻咽喉科専門医会会長　日本耳鼻咽喉科学会評議員
1994 年　福岡東ロータリークラブ入会　2005 ～ 06 年度会長
日本耳鼻咽喉科学会 会員　日本医史学会 会員

著書 「ロータリー歳時記」(梓書院)

評伝《ひょうでん》　耳鼻咽喉科《じびいんこうか》のパイオニア 久保猪之吉《くぼいのきち》
― 医学《いがく》と文学《ぶんがく》の狭間《はざま》で ―

著　者　柴田浩一《しばたこういち》

2018 年 9 月 15 日　第 1 刷発行

発行者　田村 志朗
発行所　㈱梓書院
〒 812-0044 福岡県福岡市博多区千代 3-2-1
TEL　092-643-7075
FAX　092-643-7095
印刷所　青雲印刷
製　本　岡本紙工
装　幀　木村由巳大（デザインケイアイ）

ISBN978-4-87035-630-6